崇文国学经典

# 资治通鉴

吴茵 译注

微信/抖音扫码查看

☑ 国学大讲堂
☑ 经典名句摘抄
☑ 国学精粹解读

长江出版传媒 | 崇文书局

## 图书在版编目（CIP）数据

资治通鉴 / 吴茵译注. -- 武汉：崇文书局，2023.4
（崇文国学经典）
ISBN 978-7-5403-7236-1

Ⅰ. ①资… Ⅱ. ①吴… Ⅲ. ①中国历史－古代史－编年体②《资治通鉴》－译文③《资治通鉴》－注释 Ⅳ. ①K204.3

中国国家版本馆CIP数据核字（2023）第053630号

出 品 人　韩　敏
丛书统筹　李慧娟
责任编辑　刘　丹
责任校对　董　颖
装帧设计　甘淑媛
责任印制　李佳超

## 资治通鉴
ZIZHITONGJIAN

出版发行　长江出版传媒 崇 文 书 局
地　　址　武汉市雄楚大街268号C座11层
电　　话　（027）87677133　邮政编码　430070
印　　刷　湖北新华印务有限公司
开　　本　880mm×1230mm　　1/32
印　　张　6.625
字　　数　163千
版　　次　2023年4月第1版
印　　次　2023年4月第1次印刷
定　　价　38.00元

（如发现印装质量问题，影响阅读，由本社负责调换）

本作品之出版权（含电子版权）、发行权、改编权、翻译权等著作权以及本作品装帧设计的著作权均受我国著作权法及有关国际版权公约保护。任何非经我社许可的仿制、改编、转载、印刷、销售、传播之行为，我社将追究其法律责任。

崇 文 国 学 经 典

# 总　序

现代意义的"国学"概念,是在19世纪西学东渐的背景下,为了保存和弘扬中国优秀传统文化而提出来的。1935年,王缁尘在世界书局出版了《国学讲话》一书,第3页有这样一段说明:"庚子义和团一役以后,西洋势力益膨胀于中国,士人之研究西学者日益众,翻译西书者亦日益多,而哲学、伦理、政治诸说,皆异于旧有之学术。于是概称此种书籍曰'新学',而称固有之学术曰'旧学'矣。另一方面,不屑以旧学之名称我固有之学术,于是有发行杂志,名之曰《国粹学报》,以与西来之学术相抗。'国粹'之名随之而起。继则有识之士,以为中国固有之学术,未必尽为精粹也,于是将'保存国粹'之称,改为'整理国故',研究此项学术者称为'国故学'……"从"旧学"到"国故学",再到"国学",名称的改变意味着褒贬的不同,反映出身处内忧外患之中的近代诸多有识之士对中国优秀传统文化失落的忧思和希望民族振兴的宏大志愿。

从学术的角度看,国学的文献载体是经、史、子、集。崇文书局的这一套国学经典,就是从传统的经、史、子、集中精选出来的。属于经部的,如《诗经》《论语》《孟子》《周易》《大学》《中庸》《左传》;属于史部的,如《史记》《三国志》《资治通鉴》《徐霞客游记》;属于子部的,如《道德经》《庄子》《孙子兵法》《山海经》《黄帝内经》《世说新语》《茶经》《容斋随笔》;属于集部的,如《楚辞》《古诗十九首》《古文观止》。这套书内容丰富,而分量适中。一个希望对中国优秀传统文化有所了解的人,读了这些书,一般说来,犯常识性错误的可能性就很小了。

崇文书局之所以出版这套国学经典,不只是为了普及国学常识,更重要的目的是,希望有助于国民素质的提高。在国学教育中,有一种倾向需要警惕,即把中国优秀的传统文化"博物馆化"。"博物馆化"是20世纪中叶美国学者列文森在《儒教中国及其现代命运》中提出的一个术语。列文森认为,中国传统文化在很多方面已经被博物馆化了。虽然中国传统的经典依然有人阅读,但这已不属于他们了。"不属于他们"的意思是说,这些东西没有生命力,在社会上没有起到提升我们生活品格的作用。很多人阅读古代经典,就像参观埃及文物一样。考古发掘出来的珍贵文物,和我们的生命没有多大的关系,和我们的生活没有多大关系,这就叫作博物馆化。"博物馆化"的国学经典是没有现实生命力的。要让国学经典恢复生命力,有效的方法是使之成为生活的一部分。崇文书局之所以坚持经典普及的出版思路,深意在此,期待读者在阅读这些经典时,努力用经典来指导自己的内外生活,努力做一个有高尚的人格境界的人。

国学经典的普及,既是当下国民教育的需要,也是中华民族健康发展的需要。章太炎曾指出,了解本民族文化的过程就是一个接受爱国主义教育的过程:"仆以为民族主义如稼穑然,要以史籍所载人物制度、地理风俗之类为之灌溉,则蔚然以兴矣。不然,徒知主义之可贵,而不知民族之可爱,吾恐其渐就萎黄也。"(《答铁铮》)优秀的传统文化中,那些与维护民族的生存、发展和社会进步密切相关的思想、感情,构成了一个民族的核心价值观。我们经常表彰"中国的脊梁",一个毋庸置疑的事实是,近代以前,"中国的脊梁"都是在传统的国学经典的熏陶下成长起来的。所以,读崇文书局的这一套国学经典普及读本,虽然不必正襟危坐,也不必总是花大块的时间,更不必像备考那样一字一句锱铢必较,但保持一种敬重的心态是完全必要的。

期待读者诸君喜欢这套书,期待读者诸君与这套书成为形影相随的朋友。

陈文新

(教育部长江学者特聘教授,武汉大学杰出教授)

崇　文　国　学　经　典

# 前　言

　　《资治通鉴》是北宋司马光编撰的一部编年体通史，上起战国三家分晋（前403），下迄五代之末（959），记述了其间1362年的史事。

　　司马光（1019—1086）字君实，陕州夏县（今属山西）涑水人。历仕仁宗、英宗、神宗、哲宗四朝，官至门下侍郎，进尚书左仆射。《宋史》本传称他"孝友忠信，恭俭正直，居处有法，动作有礼""于物澹然无所好，于学无所不通"。他编撰《资治通鉴》的目的，是要"鉴前世之兴衰，考当今之得失"，即通过叙述历史上的国家兴衰、民生休戚，帮助统治者总结经验，以资借鉴。因此书成之后，宋神宗极为赏识，认为可以"鉴于往事，有资于治道"，特御赐书名为《资治通鉴》。

　　在今天看来，《资治通鉴》不仅有借鉴之功用，也是一部文采斐然、叙事翔实的史学巨著，更是了解千余年间历史真相的重要依据。此次我们从全书中选取若干篇集中描述历史上著名人物和事件的篇目，加以白话注释、翻译，使读者能从中了解《资治通鉴》之概貌，从而对古代历史有较深刻的认识。

# 目录

用人不能求全责备 ································· 1
商鞅变法 ······································· 2
孙膑奇计胜庞涓 ··································· 7
任人不能唯亲 ··································· 12
诚心用贤，贤无不至 ······························· 14
张仪游说六国 ··································· 16
胡服骑射 ······································ 24
将相和 ········································ 27
触龙说赵太后 ··································· 31
毛遂自荐 ······································ 34
荆轲刺秦王 ···································· 37
鸿门宴 ········································ 42
萧何月下追韩信 ·································· 49
垓下悲歌 ······································ 55
汉高祖知人善任 ·································· 60
治理国家要读书 ·································· 62
有过即改，不失圣贤 ······························· 64
卫、霍击匈奴 ··································· 65

1

| | |
|---|---|
| 张骞出使西域 | 71 |
| 苏武牧羊 | 75 |
| 昆阳之战 | 80 |
| 第一次"党锢之祸" | 86 |
| 第二次"党锢之祸" | 89 |
| 官渡之战 | 95 |
| 隆中对策 | 106 |
| 赤壁之战 | 109 |
| 曹孟德唯才是举 | 119 |
| 前出师表 | 121 |
| 周处改过 | 126 |
| 陶侃惜分阴 | 127 |
| 淝水之战 | 131 |
| 读书可以长情智 | 150 |
| 北魏孝文帝迁都洛阳 | 151 |
| 玄武门之变 | 165 |
| 唐太宗论功定赏 | 179 |
| 贞观君臣论治 | 182 |
| 兼听则明，偏信则暗 | 190 |
| 李世民谦诚待人 | 191 |
| 李世民畏魏征 | 193 |
| 魏征上疏"人主十思" | 194 |
| 安禄山范阳起兵 | 196 |

# 用人不能求全责备

**【原文】**

子思言苟变于卫侯曰:"其才可将五百乘。"公曰:"吾知其可将;然变也尝为吏,赋于民而食人二鸡子,故弗用也。"子思曰:"夫圣人之官人,犹匠之用木也,取其所长,弃其所短;故杞梓连抱而有数尺之朽,良工不弃。今君处战国之世,选爪牙之士①,而以二卵弃干城之将,此不可使闻于邻国也。"公再拜曰:"谨受教矣!"

**【注释】**

①爪牙之士:勇武善战的人。

**【译文】**

子思向卫侯推荐苟变,说:"他的才能可以统帅五百辆战车的甲士和步兵。"卫侯说:"我知道他可以担任大将;可是,他之前担任地方官时,到民间征收赋税,吃了老百姓的两个鸡蛋,所以我不打算重用他。"子思说:"圣人任用人才,就好像木匠使用木材一样,要取用它的长处,抛弃它的短处。即使是合抱粗的杞树和梓树,也难免会有几尺枯朽的地方,优秀的木工绝不会因此而扔掉它。如今您处在这战争频发的年代,急需选用能征善战的人士,却因两个鸡蛋的小事而放弃能保卫国土的将军,这件事可不能让邻国知道呀!"卫侯听后连连道谢,说:"我敬受您的教诲!"

# 商鞅变法

【原文】

周显王七年,秦献公薨,子孝公立。孝公生二十一年矣。是时河、山以东强国六,淮、泗之间小国十余,楚、魏与秦接界。魏筑长城,自郑滨洛以北有上郡;楚自汉中,南有巴、黔中。皆以夷翟遇秦,摈斥之,不得与中国之会盟。于是孝公发愤,布德修政,欲以强秦。

【译文】

周显王七年(前362),秦献公死,他的儿子孝公继位。孝公出生已有二十一年了。这时黄河、崤山以东有六个强国,淮水和泗水之间有小国十多个,楚国、魏国与秦国接界。魏国筑长城,从郑邑开始延伸向洛水之滨,往北则有上郡;楚国从汉中之地开始,往南边则有巴、黔中之地。这些国家都把秦国当作夷狄对待,排斥它,不允许秦国参与中原各国的会盟活动。于是秦孝公发愤,布行德义,修明政治,想使秦国强大起来。

【原文】

八年,孝公令国中曰:"昔我穆公,自岐、雍之间修德行武,东平晋乱,以河为界,西霸戎翟,广地千里,天子致伯,诸侯毕贺,为后世开业甚光美。会往者厉、躁、简公、出子之不宁,国家内忧,未遑外事。三晋攻夺我先君河西地,丑莫大焉。献公即位,镇抚边境,徙治栎阳,且欲东伐,复穆公之故地,修穆公之政令。寡人思念先君之意,常痛于心。宾客群臣有能出奇计强秦者,吾且尊官,与之分土。"于是卫公孙鞅闻是令下,乃西入秦。公孙鞅者,卫之庶孙也,好刑名之学。事魏相公叔痤,痤知其贤,未及进。会病,魏惠王往问之曰:"公叔病如有不可讳,将奈社稷何?"公叔曰:"痤之中庶子卫鞅,年虽少,有奇才,愿君举国而听之!"王嘿然。公叔曰:"君即不听用鞅,必杀之,无令出境!"王许诺而去。公叔召鞅谢曰:"吾先君而后臣,故先为君谋,后以告子。子必速行矣!"鞅曰:"君不能用子之言任臣,又安能用子之言杀臣乎?"卒不去。王出,谓左右曰:"公叔病甚,悲乎!欲令寡人以国听卫鞅也!既又劝寡人杀之,岂不悖哉!"卫鞅既至秦,因嬖臣①景监以求见孝公,说以富国强兵之术。公大悦,与议国事。

**【注释】**

①嬖臣:宠信的臣子。

**【译文】**

八年(前361),秦孝公向国内下令说:"从前我们的先祖穆公,在岐山、雍都之间实行德政、建立武备,向东平定了晋国的乱患,以黄河为国界,在西方称霸于戎狄,扩大土地千里,天子给了我们方伯的称号,诸侯们都来称贺,为后代开创辉煌美好的基业。后来不幸遭遇厉公、躁公、简公、出子这几代不安宁的政局,国家内有忧患,没有余暇处理外部事务。韩、赵、魏进攻并夺取了我们先君已有的河西地方,没有什么比这更为耻辱的了。到了献公即位之后,镇守安抚边境,迁徙到了栎阳,并且打算向东攻伐,恢复穆公时的原有国土,实行穆公时的政令。我惦念已故君王收复失地、修明政令的本意,经常心中悲痛。宾客们臣子们凡是能够出奇计使秦国强大的,我将给他加官晋爵,并给他分封土地。"卫国的公孙鞅听到这个命令,于是便西行进入秦国。公孙鞅是卫国公族的庶出孙辈,爱好刑名之学。侍奉魏国丞相公叔痤,公叔痤知道公孙鞅贤能,但还没有来得及向魏王荐举进用。正值公叔痤身患重病时,魏惠王前来看望他,并询问说:"公叔你如果有什么意外,那我们的国家怎么办?"公叔说:"我手下的中庶子卫鞅,年纪虽轻,但有出众的才能,希望君王将国家大政听任他去处理!"魏惠王听了后默不作声。公叔接着说:"君王若不任用卫鞅,一定要把他杀掉,不要让他走出国境!"惠王答应了公叔的话便离开了。公叔召见卫鞅,告诉他说:"我把君王排在前面,把臣子放在后面,所以先为君王谋划,然后才把这些告诉你。你一定要赶快出走,离开魏国。"卫鞅说:"君王不能采纳你的意见任用我,又怎么能采纳你的意见杀死我呢?"最后没有离开魏国。惠王从公叔那里出来,对身边的大臣们说:"公叔病得沉重,真使人难过!他竟然想要我把国家大政听任卫鞅处理!过后又劝告我杀死卫鞅,这不是荒谬悖理吗?"卫鞅到了秦国后,通过秦孝公宠爱的臣子景监而求见孝公,向孝公进说富国强兵的方略。秦孝公十分高兴,与他商议国家大事。

【原文】

十年,卫鞅欲变法,秦人不悦。卫鞅言于秦孝公曰:"夫民不可与虑始,而可与乐成。论至德者不和于俗,成大功者不谋于众。是以圣人苟可以强国,不法① 其故。"甘龙曰:"不然。缘法而治者,吏习而民安之。"卫鞅曰:"常人安于故俗,学者溺于所闻,以此两者,居官守法可也,非所与论于法之外也。智者作法,愚者制焉;贤者更礼,不肖者拘焉。"公曰:"善。"以卫鞅为左庶长,卒定变法之令。令民为什伍而相收司、连坐,告奸者与斩敌首同赏,不告奸者与降敌同罚。有军功者,各以率受上爵。为私斗者,各以轻重被刑大小。僇力本业②,耕织致粟帛多者,复其身。事末利及怠而贫者,举以为收孥③。宗室非有军功论,不得为属籍。明尊卑爵秩等级,各以差次名田宅、臣妾、衣服。有功者显荣,无功者虽富无所芬华。令既具未布,恐民之不信,乃立三丈之木于国都市南门,募民有能徙置北门者予十金。民怪之,莫敢徙。复曰:"能徙者予五十金!"有一人徙之,辄予五十金。乃下令。令行期年,秦民之国都言新令之不便者以千数。于是太子犯法。卫鞅曰:"法之不行,自上犯之。太子,君嗣也,不可施刑。刑其傅公子虔,黥其师公孙贾。"明日,秦人皆趋令。行之十年,秦国道不拾遗,山无盗贼,民勇于公战,怯于私斗,乡邑大治。秦民初言令不便者,有来言令便。卫鞅曰:"此皆乱法之民也!"尽迁之于边。其后民莫敢议令。

**【注释】**

①不法:不效法,不取法。
②僇力本业:尽力从事农桑本业。僇力,并力,合力。
③收孥:收为奴婢。孥,通"奴",奴婢。

**【译文】**

十年(前359),卫公孙鞅想变更法度,秦国人不高兴。卫公孙鞅对秦孝公说:"不可同老百姓谋划始创事业的事,但可同他们共享事业的成功。因此讲求高尚德行的人不去迁就俗习,成就大功业的人不与众人谋划。所以圣人如果想达到强国的目的,就不必效法过去的成规。"甘龙说:"不是这样的。依循旧法来治理国家,官吏既已熟习而民众也安心守法。"卫公孙鞅说:"庸常的人安守旧的习俗,学者们沉湎拘泥于旧的见闻,依凭这两种人,要他们安守官职遵守旧法是可以的,但不能够同他们议论旧法之外的事情。智慧的人制定法制,愚蠢的人死守着它;贤明的人更改礼制,而蠢笨的人拘守着它。"秦孝公说:"说得好。"于是任命卫公孙鞅为左庶长,终于制定了变更法度的命令。命令民户建立什伍组织,实行互相纠举制及连坐法,告发奸邪者同斩杀敌人首级者享有一样的赏赐,不告发奸邪者同俘虏一样受处罚。立有军功的,各按其所达到的标准受国家的封爵。结仇私斗的,各按其情节的轻重判定其刑罚的轻重。尽力从事农桑本业的,凡耕织所得的粟和帛数量多的人,免除他本身的徭役。从事商业营利及因怠惰陷于贫困的人,受到纠举后收其家室为奴婢。宗室中没有军功可论列的,不能够入宗属的名籍。辨明尊卑爵位官秩的等级,各以其级别品次享有相应的田宅、姬妾及衣服。有功者显贵荣华,无功者虽富有但不可显示荣耀。变法命令已拟定好但还没公布,担心民众不信从。于是在国都市南门竖立一根三丈高的木头,并发出布告招募民众,能够把木头移放在城北门的奖十金。百姓对此觉得奇怪,没有谁敢去移徙。又下令说:"能移徙的奖五十金!"有一个人前来把它移徙到了北门,便奖给他五十金。于是公布了变法的命令。变法实行一周年,秦国国都诉说新令不可取的人民数以千计。接着太子也触犯新法。卫鞅说:"新法不能推行,是由于上面的人触犯新法。太子是国君的继承人,不可对他用刑。要给太子的师傅公子虔判刑,并给太子的老师公孙贾黥面。"第二天,秦国的人都依从变法的命令。变法令实行十年后,秦国国内道不拾遗,山中无盗贼,民众为国作战十分勇敢,对于结仇私斗则畏惧胆怯,乡邑也得到了很好的治理。当初说变法令不好的秦国民众,其中有些人现在又来说变法令很好。卫鞅说:"这都是些扰乱法制的民众!"于是把他们全部迁徙到边境地方。从此以后民众再没有谁敢议论国家的政令了。

# 孙膑奇计胜庞涓

【原文】

显王十五年,魏惠王伐赵,围邯郸。楚王使景舍救赵。

【译文】

周显王十五年(前354),魏惠王攻伐赵国,包围了国都邯郸。楚王派景舍去救援赵国。

【原文】

十六年,齐威王使田忌救赵。初,孙膑与庞涓俱学兵法。庞涓仕魏为将军,自以能不及孙膑,乃召之。至,则以法断其两足而黥[1]之,欲使终身废弃。齐使者至魏,孙膑以刑徒阴见,说齐使者。齐使者窃载与之齐。田忌善而客待之,进于威王。威王问兵法,遂以为师。于是威王谋救赵,以孙膑为将,辞以刑余[2]之人不可。乃以田忌为将而孙子为师,居辎车中,坐为计谋。田忌欲引兵之赵。孙子曰:"夫解杂乱纷纠者不控拳,救斗者不搏撠[3]。批亢捣虚,形格势禁,则自为解耳。今梁、赵相攻,轻兵锐卒必竭于外,老弱疲于内。子不若引兵疾走魏都,据其街路,冲其方虚,彼必释赵以自救。是我一举解赵之围而收弊于魏也。"田忌从之。十月,邯郸降魏。魏师还,与齐战于桂陵,魏师大败。

【注释】

①黥(qíng):古刑法之一,在额上刺字。
②刑余:指受过肉刑,判过刑。
③搏撠(bó jǐ):犹言揪住。撠,抓住,握持。

【译文】

十六年(前353),齐威王派田忌救援赵国。当初,孙膑与庞涓都学习兵法,庞涓在魏国做官任将军,自认为才能赶不上孙膑,就召请孙膑来。孙膑到后,庞涓便陷害他,砍断他的两脚又黥刺他的面额,想使他终身残疾不得出任官职。齐国使者来到魏国,孙膑以受刑罚者的身份暗中求见,说服齐国使者。齐国使者偷偷地把孙膑载上车一起返回齐国。田忌看重孙膑并以客礼待他,又把他荐举给齐威王。威王向他请教兵法,然后任命他为军师。接着威王打算救援赵国,任孙膑为将。孙膑辞谢,认为自己是受过肉刑且躯体不全的人,不可担任将帅。威王便委任田忌为将,命孙膑为军师,乘坐在有篷盖的辎重车中,坐着为田忌出谋划策。田忌想领兵往赵国救援,孙膑说:"凡解杂乱纷纠的东西,不可捏拳猛击;解救相斗的人,也不可动手去搏斗攻击。要打击一方要害,直捣其空虚的地方,这样形势受了限制、禁止,那么斗打的人便自然相解。现在魏国和赵国相攻战,他们的精兵锐卒一定全部都部署在疆场,老弱的人都困守在国内。你不如领兵急速奔赴魏国的都城,占据它的交通要道,冲击它防备空虚的地方,那么魏兵一定会解除对赵国的围困而回师自救。这样,我们既一举解除了赵国的围困,又可从魏军疲弊中得到好处。"田忌依从了孙膑的计谋。十月,邯郸城向魏投降。魏军回师途中,与齐军在桂陵交战,魏军大败。

## 【原文】

二十八年,魏庞涓伐韩。韩请救于齐。齐威王召大臣而谋曰:"蚤①救孰与晚救?"成侯曰:"不如勿救。"田忌曰:"弗救则韩且折而入于魏,不如蚤救之。"孙膑曰:"夫韩、魏之兵未弊而救之,是吾代韩受魏之兵,顾反听命于韩也。且魏有破国之志,韩见亡,必东面而愬②于齐矣。吾因深结韩之亲而晚承魏之弊,则可受重利而得尊名也。"王曰:"善。"乃阴许韩使而遣之。韩因恃齐,五战不胜,而东委国于齐。齐因起兵,使田忌、田婴、田盼将之,孙子为师,以救韩,直走魏都。庞涓闻之,去韩而归。魏人大发兵,以太子申为将,以御齐师。孙子谓田忌曰:"彼三晋之兵素悍勇而轻齐,齐号为怯。善战者因其势而利导之。《兵法》:'百里而趣利者蹶上将,五十里而趣利者军半至。'"乃使齐军入魏地为十万灶,明日为五万灶,又明日为二万灶。庞涓行三日,大喜曰:"我固知齐军怯,入吾地三日,士卒亡者过半矣!"乃弃其步军,与其轻锐倍日并行逐之。孙子度其行,暮当至马陵。马陵道狭而旁多阻隘,可伏兵。乃斫③大树,白而书之曰:"庞涓死此树下!"于是令齐师善射者万弩夹道而伏,期日暮见火举而俱发。庞涓果夜到斫木下,见白书,以火烛之。读未毕,万弩俱发,魏师大乱相失。庞涓自知智穷兵败,乃自刭,曰:"遂成竖子之名④!"齐因乘胜大破魏师,虏太子申。

## 【注释】

①蚤:通"早"。

②愬(sù):即"诉",诉说冤屈、愁苦、不满等。
③斫(zhuó):击,砍。
④遂成竖子之名:遂成,成就,完成。竖子,对人的鄙称,犹言小子。这里指让孙膑成名。

# 【译文】

二十八年(前341),魏国庞涓攻伐韩国。韩国向齐国请求救援。齐威王召集大臣们来商议,他说:"早去救援与晚去救援相比,哪种更好?"成侯邹忌说:"不救援更好。"田忌说:"如果不救援,那么韩国就会屈服而并入魏国,不如早救韩为好。"孙膑说:"韩国和魏国的军队还没有相战疲惫,我们若去援救韩国,等于是我们代替韩国去承受魏军的攻击,这反而使我们要听从韩国的指挥。况且魏国本来就有攻灭韩国的决心,韩国看到灭亡的危险,一定会向东来告诉齐国,我齐国因此可深厚地与韩国结交亲善,且可待到晚些时候趁机攻战已疲惫不堪的魏军,这样便可收获很大的利益并可取得很好的名声。"齐威王说:"很好。"于是暗中答应了韩国使者的请求,同意出兵救援,并让他回国去。韩国因为倚仗齐国,与魏国交战五次都失败了,只得向东把国家的命运依托齐国。齐国因而起兵,派田忌、田婴、田盼率领军队,孙膑为军师,前去救援韩国,齐军直奔魏国都城。庞涓听到这消息,便离开韩国而班师回魏国。魏国调集大兵,由太子申任将帅,抵御齐国军队。孙膑对田忌说:"三晋的军队一向都很强悍勇猛而轻视齐军,齐军被称为怯懦。善于指挥作战的人就可根据这些因势利导。《兵法》书上说:'急行军百里去追逐利益会使上将军受挫折,急行军五十里去追逐利益,部队只有一半能赶到。'"于是使齐军进入魏之后先挖十万个炊灶,到第二日就挖五万个炊灶,到了第三日就只挖两万个炊灶。庞涓追击齐军三天,十分高兴地说:"我本来就知道齐军怯懦,他们进入我魏国只有三天,士卒逃亡的已超过半数了!"于是留下他的步兵,只率领精锐部队日夜兼程追逐齐军。孙膑推算庞涓的行程,傍晚时将到达马陵。马陵道路狭窄,而且两旁多险要阻碍,便于埋伏兵卒。于是命令砍斫大树,削掉树皮,写上一行大字:"庞涓将死在这棵树下!"孙膑又命令齐军中的好射手备万数弓弩在狭道两旁埋伏,约定在日暮时看见有人举火便万弩同射。庞涓果然在天黑时赶到砍斫的大树下面,看见剥掉树皮处写了字,就用火把照亮着看。他还没有读完这行字,齐军万数弩矢一齐射击,魏军混乱四散。庞涓自知智穷计竭,军队溃败,便自刎而死,说:"竟让孙膑这小子成名!"齐军乘胜破魏军,俘虏了魏国的太子申。

# 任人不能唯亲

**【原文】**

韩昭侯以申不害为相。申不害者,郑之贱臣也,学黄、老、刑名,以干昭侯。昭侯用为相,内修政教,外应诸侯,十五年,终申子之身,国治兵强。

申子尝请仕其从兄①,昭侯不许,申子有怨色。昭侯曰:"所为学于子者,欲以治国也。今将听子之谒②而废子之术乎,已其行之术而废子之请乎?子尝教寡人修功劳,视次第;今有所私求,我将奚听乎?"申子乃辟舍请罪曰:"君真其人也!"

**【注释】**

①从兄:从,旧读 zòng,堂房亲属。这里指堂兄。

②谒(yè):请求,请托。

**【译文】**

韩昭侯任用申不害担任丞相。申不害原是郑国微贱的臣子,他学习了黄帝、老子之学和法家名家的治国之术后,去请求韩昭侯任用。韩昭侯任用申不害担任丞相后,对内加强政治教化,对外周旋诸侯各国,在任十五年,直到申不害去世,韩国国家大治,兵力强大。

申不害曾向韩昭侯请求任用他的堂兄做官,韩昭侯不允许,申不害流露出埋怨的脸色。韩昭侯就对他说:"我向您学习,是想用您的道理治理国家。如今是听从您的请求而抛弃您的治术呢,还是实行您的办法而抛弃您的请求呢?您曾经教导我用人要论功劳,分先后;如今您又请求我徇私,我到底该听哪番话才好呢?"申不害离席后退,请求原谅:"国君您真是位坚持原则的圣人啊!"

# 诚心用贤，贤无不至

**【原文】**

燕人共立太子平，是为昭王。昭王于破燕之后，吊死问孤①，与百姓同甘苦，卑身②厚币以招贤者。谓郭隗曰："齐因孤之国乱而袭破燕，孤极知燕小力少，不足以报；然诚得贤士与共国，以雪先王之耻，孤③之愿也。先生视可者，得身事之！"郭隗曰："古之人君有以千金使涓人求千里马者，马已死，买其首五百金而返。君大怒，涓人曰：'死马且买之，况生者乎！马今至矣。'不期年，千里之马至者三。今王必欲致士，先从隗始，况贤于隗者，岂远千里哉！"于是昭王为隗改筑宫而师事之。于是士争趣燕：乐毅自魏往，剧辛自赵往。昭王以乐毅为亚卿，任以国政。

**【注释】**

①吊死问孤：哀悼死者，慰问孤儿。吊，悼念死者。问，问候，慰问。

②卑身：卑，谦卑，不自高自大。这里指昭王放下架子、谦卑地招揽有才德的人。

③孤：古代王侯的自称。

**【译文】**

燕国臣民扶立太子平，这就是昭王。昭王自从被齐国打败以后，哀悼死者,慰问失去父母的孤儿,与百姓同甘共苦,他放下架子以优厚的钱财招聘有德才的人。昭王对郭隗说:"齐国趁我国内乱而偷袭攻破我国,我深知燕国地盘小力量弱,不足以报这个大仇;然而,诚能得到贤才和我共同治理国家,洗刷先王所蒙受的奇耻大辱,这是我的愿望啊。先生若发现有可以重用的人,我定当亲自侍奉他!"郭隗说:"古时候有一位国王,派侍仆用千金去寻求千里马,侍仆到达后,发现千里马已经死了,就用五百金把马头买了回来。国君知道后大发脾气,这位侍仆就说:'死马尚且要买,何况活马呢!千里马很快就会来到。'不到一年就得到三匹千里马。如今大王您要招贤纳士,就请从我郭隗开始吧。像我这样的人都能被您重用,又何况比我贤良的人,怎么会以千里为远而不前来呢!"于是,昭王就给郭隗改建房屋,修筑宫室,并像对待老师一样侍奉郭隗。于是贤士争着奔赴燕国:乐毅从魏国来,剧辛从赵国来。昭王重用乐毅为亚卿,主持国家政务。

# 张仪游说六国

【原文】

周赧王四年,蜀相杀蜀侯。秦惠王使人告楚怀王,请以武关之外易黔中地。楚王曰:"不愿易地,愿得张仪而献黔中地。"张仪闻之,请行。王曰:"楚将甘心于子,奈何行?"张仪曰:"秦强楚弱,大王在,楚不宜敢取臣。且臣善其嬖臣①靳尚,靳尚得事幸姬郑袖,袖之言,王无不听者。"遂往。楚王囚,将杀之。靳尚谓郑袖曰:"秦王甚爱张仪,将以上庸六县及美女赎之。王重地尊秦,秦女必贵而夫人斥矣。"于是郑袖日夜泣于楚王曰:"臣各为其主耳。今杀张仪,秦必大怒。妾请子母俱迁江南,毋为秦所鱼肉也!"王乃赦张仪而厚礼之。张仪因说楚王曰:"夫为从者无以异于驱群羊而攻猛虎,不格明矣。今王不事秦,秦劫韩驱梁而攻楚,则楚危矣。秦西有巴、蜀,治船积粟,浮岷江而下,一日行五百余里,不至十日而拒扞关,扞关惊则从境以东尽城守矣,黔中、巫郡非王之有。秦举甲出武关,则北地绝。秦兵之攻楚也,危难在三月之内,而楚待诸侯之救在半岁之外。夫待弱国之救,忘强秦之祸,此臣所为大王患也。大王诚能听臣,臣请令秦、楚长为兄弟之国,无相攻伐。"楚王已得张仪而重出黔中地,乃许之。

【注释】

①嬖臣:宠信的臣子。嬖,宠爱。

【译文】

周赧王四年(前311),蜀国相杀死了蜀国侯。秦惠王派人去告知楚怀王,请求以武关以外的土地换取楚国的黔中郡地方。楚王说:"不愿意交换地方,希望得到张仪,然后奉献黔中地方给秦国。"张仪听到这消息,便请求前往楚国。秦惠王说:"楚国为了得到你费尽心机,为什么要前往呢?"张仪说:"秦国强大而楚国势弱,有大王你在,楚国不可能敢害我。而且我与楚王宠信的臣子靳尚很要好,靳尚正为楚王宠幸的姬妾郑袖谋事,郑袖说的话,楚王没有不听从的。"于是前往楚国。楚王囚禁了张仪,要杀了他。靳尚对郑袖说:"秦王十分宠爱张仪,将要以上庸等六县的地方以及秦国美女赎回他。楚王看重这些地方而尊重秦国,秦国来的美女一定受到宠幸,而夫人你就要被疏远了。"于是郑袖日夜对着楚王哭泣说:"当臣子的都不过为他的主上奔走罢了。现在杀了张仪,秦王一定大怒。我请求与儿子都迁徙到江南去,不要让秦国任意凌辱宰割我们啊!"楚王便赦免了张仪并以厚礼优待他。张仪于是游说楚王说:"实行合纵抗秦,同驱赶羊群去攻击猛虎没有什么区别,显然是不能相抵的。现在楚王你不为秦国谋事,假使秦国挟制韩国、驱使魏国来攻击楚国,那么楚国就危险了。秦国西境有名为巴蜀的地方,在那里建造舟船,积贮粮食,战船顺着岷江东下,一日就可行驶五百多里,不到十日便迫进扞关。一旦扞关受到惊扰,那么扞关以东的楚国土地全都要守城警戒了,黔中和巫郡等地方将不归楚王你所有了。秦国调动甲士出武关,那么楚国北方的土地便被隔绝。秦兵攻击楚国,造成危难则是在三个月以内,然而楚国等待诸侯各国的援救却要半年以上。等待弱国的援救,却忘记强秦大兵压境的危害,这是我为大王你感到忧虑的事啊。大王你要是真能听从我的意见,我可让秦国、楚国永远成为兄弟般友好的邻国,不再互相攻伐。"楚王已得到了张仪,又看重黔中之地不肯割让给秦国,于是便同意了张仪的意见。

## 【原文】

张仪遂之①韩,说韩王曰:"韩地险恶山居,五谷所生,非菽而麦,国无二岁之食,见卒不过二十万。秦被甲百余万。山东之士被甲蒙胄②而会战,秦人捐甲徒裼③以趋敌,左挈人头,右挟生虏。夫战孟贲、乌获之士以攻不服之弱国,无异垂千钧之重于鸟卵之上,必无幸矣。大王不事秦,秦下甲据宜阳,塞成皋,则王之国分矣。鸿台之宫,桑林之苑,非王之有也。为大王计,莫如事秦而攻楚,以转祸而悦秦。计无便于此者!"韩王许之。

## 【注释】

①之:动词,往,到。
②被甲蒙胄:被,同"披"。胄,古代作战时戴的头盔。指士兵披上铠甲,戴上头盔。
③捐甲徒裼:捐,舍弃,抛弃。徒裼,赤脚露身。这里指秦军丢弃铠甲,赤脚露体,与前句韩军状态相对。

## 【译文】

张仪于是前往韩国,游说韩王说:"韩地地势险恶,土壤贫瘠,居处多山,所生产的五谷不是豆就是麦,国家积蓄的粮食不足两年食用,现在兵卒也不过二十万人。秦国披甲的士卒就有一百余万。崤山以东各国的士兵披上铠甲、戴上头盔来会战,秦国军队却丢开铠甲、赤脚露体赴阵趋敌,他们左手提挈人头,右手挟制生擒的俘虏。秦国用孟贲、乌获一般的力士出战,以攻击不顺服的弱国,这像垂挂千钧的重物在鸟卵上面一样,那一定是难以幸免了。大王你不为秦国谋事,秦国出兵占据宜阳,阻塞成皋的要道,那么大王你的国家就会一分为二。鸿台的宫殿,桑林的苑囿,就不再是大王你所有了。我为大王你谋算,不如顺奉秦国去攻击楚国,以此来回避祸患而使秦国欢心,没有比这谋略更为可行的了!"韩王应允了张仪的建议。

## 【原文】

张仪归报,秦王封以六邑,号武信君。复使东说齐王曰:"从人说大王者必曰:'齐蔽于三晋,地广民众,兵强士勇,虽有百秦,将无奈齐何。'大王贤其说而不计其实。今秦、楚嫁女娶妇,为昆弟①之国;韩献宜阳;梁效河外;赵王入朝,割河间以事秦。大王不事秦,秦驱韩、梁攻齐之南地,悉赵兵,渡清河,指博关,临淄、即墨非王之有也!国一日见攻,虽欲事秦,不可得也!"齐王许张仪。

## 【注释】

①昆弟:兄弟,比喻亲密友爱。

## 【译文】

张仪返回秦国报告,秦王把六邑地方封给张仪,并封他为武信君。然后又派遣张仪去东面游说齐王:"主张合纵的人要想游说大王你,一定会这样说:'齐国以魏、韩、赵三晋作为屏蔽,地域广大、人民众多,军队强大、战士勇猛,即使有一百个秦国,也不敢对齐国怎么样。'大王莫因为他说得好而不考察这些话的实际后果。现在秦国与楚国之间互相嫁女娶妇,结为兄弟般友好的邻国;韩国向秦国奉献宜阳;魏国向秦国奉献河西的地方;赵王朝见秦王,割让河间的地方顺奉秦国。大王你不顺奉秦国,秦国就会驱使韩、魏攻击你齐国的南境,发动赵国的全部军队,渡过清河,直指博关,这样临淄、即墨两地就不是齐王你所有的了!贵国一旦受到攻击,到那时即使想顺奉秦国也不可能了!"齐王答应了张仪的建议。

**【原文】**

张仪去,西说赵王曰:"大王收率天下以摈秦,秦兵不敢出函谷关十五年。大王之威行于山东,敝邑恐惧,缮甲厉兵,力田积粟,愁居慑处,不敢动摇,唯大王有意督过之也。今以大王之力,举巴、蜀,并汉中,包两周,守白马之津。秦虽僻远,然而心忿含怒之日久矣。今秦有敝甲凋兵军于渑池,愿渡河,逾漳,据番吾,会邯郸之下,愿以甲子合战,正殷纣之事。谨使使臣先闻左右。今楚与秦为昆弟之国,而韩、梁称东藩之臣,齐献鱼盐之地,此断赵之右肩也。夫断右肩而与人斗,失其党而孤居,求欲毋危得乎!今秦发三将军,其一军塞午道①,告齐使渡清河,军于邯郸之东;一军军成皋,驱韩、梁军于河外;一军军于渑池,约四国为一以攻赵,赵服必四分其地。臣窃为大王计,莫如与秦王面相约而口相结,常为兄弟之国也。"赵王许之。

**【注释】**

①午道:纵横交贯的要道。

**【译文】**

张仪离开齐国,向西进入赵国游说赵王说:"大王你联合并统率天下各国对抗秦国,秦国军队有十五年不敢出函谷关。大王你的威名传扬于崤山以东各国,我的国家为此而恐惧,整治甲胄训练士兵,努力耕作积贮粮食,居处都担忧惶恐,不敢随便举动,只因大王你有意责究我秦国的行动啊。现在以大王你督责之力,我秦国占据巴、蜀,兼并汉中,包揽东西两周的地方,镇守白马津口。我秦国虽处于僻远的地方,然而心中愤恨含怒的日子已经很久了。现在我秦国有残甲弱兵驻扎在渑池,准备渡过黄河,越过漳水,占据番吾,与赵国军队相会于邯郸城下,希望在甲子日接战,像周武王伐殷纣那般。秦王郑重地派我先行告知大王。现在楚国与秦国已结为兄弟般友好的邻国,韩、魏愿作秦国东边的藩卫的臣属,齐国向秦国奉献了盛产鱼盐的地方,这是断了赵国的右肩啊。断了右肩还要与人搏斗,失去了党友而孤单居处,想以此况求得安全可能吗?现在秦国要调发三路将军统帅军队,其中一路阻塞齐、赵相交的午道,通知齐军他们渡过清河,驻扎在邯郸的东面;另一路军驻扎在成皋,驱使韩、魏两国军队进入河外地方;还有一路军驻扎在渑池,约定秦、齐、韩、魏四国军队合力为一以攻赵军,赵国降服后一定被四国瓜分土地。我私下为大王谋划,不如大王与秦王当面相约,亲口结交,结为友好的邻国。"赵王答应了张仪的建议。

## 【原文】

张仪乃北之燕,说燕王曰:"今赵王已入朝,效河间以事秦。大王不事秦,秦下甲云中、九原,驱赵而攻燕,则易水、长城非大王之有也。且今时齐、赵之于秦,犹郡县也,不敢妄举师以攻伐。今王事秦,长无齐、赵之患矣。"燕王请献常山之尾五城以和。

## 【译文】

张仪于是北行前往燕国,游说燕王说:"现在赵王已经入朝秦王,献出河间地方顺奉秦国。大王你不顺奉秦国,秦国就出甲兵至云中郡、九原郡,驱使赵国攻伐你燕国,那么易水、长城就不是大王你所有了。而且现在齐国、赵国对于秦国来说,就好像是郡县一样,它们不敢轻举妄动、出兵相伐。现在燕王你如果顺奉秦国,长此以往都不会有受齐国、赵国侵害的忧患了。"燕王听后便请求献出常山山尾的五座城给秦国以求和。

## 【原文】

张仪归报,未至咸阳,秦惠王薨,子武王立。武王自为太子时,不说①张仪;及即位,群臣多毁短之。诸侯闻仪与秦王有隙,皆畔②衡,复合从。

## 【注释】

①说:通"悦",喜欢。
②畔:通"叛",背叛,违背。

## 【译文】

张仪返回秦国报告,还没到达咸阳,秦惠王便去世了,其子武王继位。武王身为太子时,就不喜欢张仪,等到即位之后,臣子们多来诽谤中伤张仪。诸侯各国听说张仪和秦武王之间有怨隙,都背弃张仪游说建立的连横,又再次实行合纵。

## 【原文】

五年,张仪说秦武王曰:"为王计者,东方有变,然后王可以多割得地也。臣闻齐王甚憎臣,臣之所在,齐必伐之。臣愿乞其不肖之身以之梁,齐必伐梁,齐、梁交兵而不能相去,王以其间伐韩,入三川,挟天子,案图籍,此王业也。"王许之。齐王果伐梁,梁王恐。张仪曰:"王勿患也!请令齐罢兵。"乃使其舍人之楚,借使谓齐王曰:"甚矣,王之托仪于秦也!"齐王曰:"何故?"楚使者曰:"张仪之去秦也,固与秦王谋矣,欲齐、梁相攻而令秦取三川也。今王果伐梁,是王内罢国而外伐与国,以信仪于秦王也。"齐王乃解兵还。张仪相魏一岁,卒。

仪与苏秦皆以纵横之术游诸侯,致位富贵,天下争慕效之。又有魏人公孙衍者,号曰犀首,亦以谈说显名。其余苏代、苏厉、周最、楼缓之徒,纷纭遍于天下,务以辩诈相高,不可胜纪。而仪、秦、衍最著。

【译文】

五年(前310),张仪向秦武王进言说:"我替大王你考虑,东方各国若有变乱,大王你才可以获得更多的土地。我听说齐王十分憎恨我张仪,我在哪个国家,齐国就一定攻伐它。我希望让我这个不才不德的人前去魏国,这样齐国一定会讨伐魏国,齐、魏两国交战各不撤兵,大王你可趁这个时机攻伐韩国,进入三川之地,挟制周天子,据有天下的地图户籍,这可是帝王大业啊!"秦武王同意张仪的请求。齐王果然出兵攻伐魏国,魏王惶恐。张仪说:"大王你不要忧虑啊!我可以使齐国撤兵。"于是派遣他的随从前往楚国,借用楚国使者之口去对齐王说:"齐王你这么做是让张仪被秦国彻底尊重信赖啊!"齐王说:"这是什么缘故呢?"楚国使者说:"张仪离开秦国本来是与秦王谋算好了的,他们想使齐、魏两国相攻伐而使秦国趁这时机夺取三川。现在齐王你果然攻伐魏国,齐王你对内使国家疲惫,对外则攻伐相结交的国家,这是助张仪被秦王尊信啊。"齐王便撤兵回国。张仪任魏国国相一年后便去世了。

张仪与苏秦都是以合纵连横的谋略游说诸侯各国,得到了显贵之位,天下人都争相效法他们。还有魏国人公孙衍,名号叫犀首,也以游说著名。另外还有苏代、苏厉、周最、楼缓等人,纷纷遍行在天下各国,都以辩诈游说争高下,不可能详尽记述。而其中以张仪、苏秦、公孙衍最为著名。

# 胡服骑射

【原文】

　　周赧王八年,赵武灵王北略①中山之地,至房子,遂之代,北至无穷,西至河,登黄华之上。与肥义谋胡服骑射以教百姓,曰:"愚者所笑,贤者察焉。虽驱世以笑我,胡地、中山,吾必有之!"遂胡服。

【注释】

①略:侵略,夺取。

【译文】

　　周赧王八年(前307),赵武灵王向北侵夺中山国的地方,经房子县,进而到代郡,再向北达到大漠,向西行到了黄河,登黄河边上的黄华山。便与肥义谋划教导百姓穿胡人的服装,练习骑马射箭。赵武灵王说:"愚蠢的人笑话的,贤明的人却能明辨。即使世上的人都来耻笑我,胡人占据的地方和中山国,我也一定要占有它!"于是穿上了胡人的服装。

【原文】

　　国人皆不欲,公子成称疾不朝。王使人请之曰:"家听于亲,国听于君。今寡人作教易服而公叔不服,吾恐天下议之也。制国有常,利民为本;从政有经①,令行为上。明德先论于贱,而从政先信于贵,故愿慕公叔之义以成胡服之功也。"公子成再拜稽首曰:"臣闻中国者,圣贤之所教也,礼乐之所用也,远方之所观赴也,蛮夷之所则效也。今王舍此而袭远方之服,变古之道,逆人之心,臣愿王熟图之也!"使者以报。王自往请之,曰:"吾国东有齐、中山,北有燕、东胡,西有楼烦、秦、韩之边。今无骑射之备,则何以守之哉?先时中山负齐之强兵,侵暴吾地,系累吾民,引水围鄗;微社稷之神灵,则鄗几于不守也,先君丑之②。故寡人变服骑射,欲以备四境之难,报中山之怨。而叔顺中国之俗,恶变服之名,以忘鄗事之丑,非寡人之所望也!"公子成听命,乃赐胡服;明日服而朝。于是始出胡服令,而招骑射焉。

**【注释】**

①从政有经:参与政事有法则。经,常规,原则。

②先君丑之:即"先君以之为丑",先辈君王以这件事为耻辱。丑,耻辱,羞愧。

**【译文】**

国内的人都不愿意穿胡服,公子成以身体有病推托而不朝见。赵武灵王派人去劝导他说:"家事要听从父母亲,国事要听从国君。现在我下令改穿胡服而叔父你不服从,我恐怕天下人议论这件事啊。统治国家有常规,那就是以民众利益为根本;管理政务有法则,那就是以遵行法令为首要。明扬道德应在贫贱的人中先得到普及,而推行政令应在显贵的人中先得到尊信,所以我希望仰仗公叔你的名义以实现改穿胡人服装的功业啊!"公子成叩头再拜说:"我听说中原是圣贤教化的地方,是礼乐制度施行的地方,是远方的人向往瞻仰的地方,是蛮夷的人们推崇效法的地方。现在君王你却要舍弃这些而去穿着远方居民的服装,更改古时历来的规则,违背民心,我希望君王你慎重考虑这事啊!"派去的人把这些话报告给赵武灵王。赵武灵王亲自去劝说公子成,说:"我国东边有齐国、中山,北面有燕国、东胡,西面临楼烦、秦国、韩国的边境。现在没有骑射的武备,那用什么来守卫国家呢?过去中山国倚仗齐国强大的军队,侵犯蹂躏我国的土地,拘掳我国的人民,引来河水围灌鄗城;如果没有宗国土地神灵的保佑,那鄗城几乎不能保全了,我们先辈君王为这事感到耻辱。所以我改变服装倡导骑射,想用这办法防备国家四方边境的危难,报中山国侵犯之仇。而公叔你却因循中原之国的旧俗,厌恶改变服装,忘却了鄗城的耻辱,这可不是我希望的啊!"公子成听从了赵武灵王的命令,赵武灵王于是赐给他胡人的服装;第二天他穿上胡服上朝。这样便开始颁行改穿胡服的命令,招募练习骑射的战士。

# 将相和

**【原文】**

周赧王三十二年,赵王得楚和氏璧,秦昭王欲之,请易以十五城。赵王欲勿与,畏秦强;欲与之,恐见欺。以问蔺相如,对曰:"秦以城求璧而王不许,曲①在我矣;我与之璧而秦不与我城,则曲在秦。均之二策②,宁许以负秦。臣愿奉璧而往,使秦城不入,臣请以完璧而归之。"赵王遣之。相如至秦,秦王无意偿赵城。相如乃以诈绐秦王,复取璧,遣从者怀之,间行归赵,而以身待命于秦。秦王以为贤而弗诛,礼而归之。赵王以相如为上大夫……

**【注释】**

①曲:理亏。
②均之二策:比较这两个计策。均,权衡、比较。之,这。

**【译文】**

周赧王三十二年(前283),赵王得到了楚国的和氏璧,秦昭王想要它,便提出用十五座城池交换。赵王不想给,但又畏惧强大的秦国;若把和氏璧给秦王,又怕被秦王欺骗。赵王询问蔺相如,蔺相如回答说:"秦国用城池来交换和氏璧,而您若不答应,那么我方就理亏。我国把和氏璧给了秦国,秦国不给我城池,那么就是秦王理亏。把这两种对策相权衡比较,我们宁可应允以璧换城,使秦国理亏。我愿意带着和氏璧前往秦国,假使秦国不把城池给我赵国,我保证使和氏璧完好无损地归还赵国。"赵王便派遣蔺相如到秦国去。蔺相如到了秦国,秦王并没有把城池偿付给赵国的打算。蔺相如于是从秦王手里骗回了和氏璧,派遣随从将和氏璧揣在怀里,从小路返回赵国,自己留在秦国等待处置。秦王认为蔺相如贤能而不加诛杀,以礼相待将他送回赵国。赵王任命蔺相如为上大夫……

## 【原文】

赧王三十六年,秦王使使者告赵王,愿为好会于河外渑池。赵王欲毋行①,廉颇、蔺相如计曰:"王不行,示赵弱且怯也。"赵王遂行,相如从。廉颇送至境,与王诀曰:"王行,度道里会遇之礼毕,还不过三十日;三十日不还,则请立太子以绝秦望②。"王许之。

## 【注释】

①欲毋行:想不去。毋,不。

②绝秦望:断绝秦国的念头,指秦国可能扣留赵王作人质来进行要挟的打算。

## 【译文】

周赧王三十六年(前279),秦王派遣使者告知赵王,希望在黄河南面的渑池友好相会。赵王不想去相会,廉颇、蔺相如商议说:"赵王你不去相会,就表示我赵国国势弱而且怯懦。"赵王于是便前往渑池,蔺相如随从。廉颇送赵王到赵国的国境上,与赵王告别说:"赵王你去渑池,按路途的里程以及与秦王相会的礼仪计算,不超过三十天应该就能回来;假若三十天你还没回来,那么就请求准许立太子为王以绝除秦国挟持大王的企图。"赵王答应了这个请求。

【原文】

　　会于渑池。王与赵王饮,酒酣,秦王请赵王鼓瑟,赵王鼓之。蔺相如复请秦王击缶,秦王不肯。相如曰:"五步之内,臣请得以颈血溅大王矣!"左右欲刃①相如,相如张目叱之,左右皆靡②。王不怿③,为一击缶。罢酒,秦终不能有加于赵;赵人亦盛为之备,秦不敢动。赵王归国,以蔺相如为上卿,位于廉颇之右。

【注释】

①刃:动词,杀。
②靡:退却。
③怿(yì):高兴,喜悦。

【译文】

　　秦王、赵王在渑池相会。秦王与赵王饮酒,饮到欢畅时,秦王请赵王奏瑟,赵王即奏。蔺相如也请秦王击缶,秦王不肯。蔺相如说:"在这五步之内,我将用颈血溅洒大王了!"秦王身边的随从想刺杀相如,相如瞪目大声呵斥,这些随从都吓得退却。秦王心中很是不快,只得击了一下缶。酒罢,秦国最终不能够占据上风;赵国也充分地做好防备,秦国不敢轻举妄动。赵王回国后,任命蔺相如为上卿,位置在廉颇之上。

【原文】

　　廉颇曰:"我为赵将,有攻城野战之功。蔺相如素贱人,徒以口舌而位居我上。吾羞,不忍为之下!"宣言曰:"我见相如,必辱之!"相如闻之,不肯与会;每朝,常称病,不欲争列。出而望见,辄引车避匿。其舍人皆以为耻。相如曰:"子视廉将军孰与秦王?"曰:"不若。"相如曰:"夫以秦王之威而相如廷叱之,辱其群臣。相如虽驽,独畏廉将军哉！顾吾念之,强秦之所以不敢加兵于赵者,徒以吾两人在也。今两虎共斗,其势不俱生。吾所以为此者,先国家之急而后私仇也！"廉颇闻之,肉袒负荆至门谢罪,遂为刎颈之交。

# 【译文】

廉颇说:"我任赵国的将领,有攻城野战的功劳。蔺相如本来是鄙贱出身,仅仅以口舌伶俐而位居我上,我感到羞辱,不能容忍地位在他之下!"并宣称:"我要是见到了蔺相如,一定要羞辱他！"相如听到这些话,不肯与廉颇相会;每次朝见,常常推托有病不参加,不与廉颇争位。出门望见廉颇,相如往往调转车子的方向避开。蔺相如的左右亲近都以此为耻辱。相如说:"你们觉得廉颇的威势比起秦王来怎么样?"左右亲近说:"廉颇比不上秦王。"相如说:"以秦王那样的威势,我相如也敢在宫廷上呵斥他,侮辱他的臣子。我虽然才能低劣,难道唯独畏惧廉将军吗?相反,我所想的是,强横的秦国之所以不敢进军侵犯赵国,只是因为我和廉颇两人在啊。现在两虎相斗,势必不能并存。我之所以这样做,是把国家的危急摆在前头,然后才考虑私人的怨仇啊！"廉颇听到这些话,便袒露身体、背负荆条到蔺相如门前请罪,从此廉颇和蔺相如便成为生死与共的朋友。

# 触龙说赵太后

【原文】

赧王五十年,秦伐赵,取三城。赵王新立,太后用事①,求救于齐。齐人曰:"必以长安君为质。"太后不可。齐师不出,大臣强谏。太后明谓左右曰:"复言长安君为质者,老妇必唾其面!"左师触龙愿见太后,太后盛气而胥②之入。左师公徐趋而坐,自谢曰:"老臣病足,不得见久矣,窃自恕,而恐太后体之有所苦也,故愿望见太后。"太后曰:"老妇恃辇而行。"曰:"食得毋衰乎?"曰:"恃粥耳。"太后不和之色稍解。左师公曰:"老臣贱息③舒祺最少,不肖,而臣衰,窃怜爱之。愿得补黑衣之缺以卫王宫,昧死以闻!"太后曰:"诺。年几何矣?"对曰:"十五岁矣。虽少,愿及未填沟壑而托之。"太后曰:"丈夫亦爱少子乎?"对曰:"甚于妇人。"太后笑曰:"妇人异甚。"对曰:"老臣窃以为媪之爱燕后贤于长安君。"太后曰:"君过矣。不若长安君之甚。"左师公曰:"父母爱其子则为之计深远。媪之送燕后也,持其踵而泣,念其远也,亦哀之矣。已行,非不思也,祭祀则祝之曰:'必勿使反④!'岂非为之计长久,为子孙相继为王也哉?"太后曰:"然。"左师公曰:"今三

31

世以前,至于赵王之子孙为侯者,其继有在者乎?"曰:"无有。"曰:"此其近者祸及身,远者及其子孙。岂人主之子侯则不善哉?位尊而无功,奉厚而无劳,而挟重器多也。今媪尊长安君之位,而封之以膏腴之地,多与之重器,而不及今令有功于国。一旦山陵崩,长安君何以自托于赵哉?"太后曰:"诺,恣君之所使之⑤!"于是为长安君约车百乘质于齐。齐师乃出,秦师退。

## 【注释】

① 用事:执掌政权。
② 胥:同"须",等待。
③ 贱息:谦辞,指儿子。
④ 必勿使反:一定不要让她回来。
⑤ 恣君之所使之:任凭你去派遣(长安君)。恣,任凭。

## 【译文】

周赧王五十年(前265),秦国攻伐赵国,夺取了三座城池。赵王新立为王,太后掌管国家大政,向齐国请求救援。齐国人说:"一定要把长安君送来做人质。"太后不答应。齐国不派出救兵,大臣们极力规劝太后。太后公开对左右大臣们说:"再来劝说让长安君去做人质的,老妇我一定在他脸上吐口水!"左师触龙希望觐见太后,太后怒气冲冲等待他来觐见。左师公慢慢走近坐下,自己道歉说:"我腿脚有疾,很久没能来见太后,我私下以此宽恕自己;因怕太后身体有什么不适,所以希望能见太后。"太后说:"我靠人力推车行走。"触龙说:"饮食没有减少吧?"太后说:"只是靠一些粥食而已。"太后的怒气渐渐消解。左师公说:"犬子舒祺,是最小的儿子,没有才能,而我又已衰老,我私下疼爱他,希望能够补黑衣卫士的缺额,让他卫护王宫,我冒死向您请求!"太后说:"可以。他年龄多大呢?"左师公回答说:"已经十五岁了。虽然年少,但我希望在自己死去之前把他安排好。"太后说:"男人也怜爱小儿子吗?"左师公回答说:"比妇人还爱得厉害。"太后发笑说:"妇人爱得特别厉害。"左师公回答说:"我私下认为太后您疼爱女儿燕后更超过爱长安君。"太后说:"你错了!我更爱长安君。"左师公说:"父母疼爱他的儿子就要为他谋划得深远。您送燕后走时,拉着她的脚而哭泣,是思量她离开得太远,也是在怜爱她啊。燕后既已走了,您也不是不思念她,每次祭祀就祝愿她说:'一定不要让她回来!'这难道不是为她长远考虑,要让她的子孙相继都成为君王吗?"太后说:"是这样。"左师公说:"现今三代之前,赵王的子孙封为侯的,他们的继承人还有存在的吗?"太后说:"没有了。"左师公说:"他们之中,享有封侯时间短的是因祸殃累及自身,享有封侯时间长的则是祸殃落到了他的子孙辈。难道是君主的儿子封侯就不好吗?其实是他们地位尊贵又没有功绩,俸禄丰厚又没有劳绩,挟持的国家贵重宝器太多啊。现在太后你让长安君享有尊高的地位,封给他肥沃的土地,给他许多贵重的宝器,而又不让他趁现在为国家建功,一旦您有意外,长安君又靠什么来治理赵国呢?"太后说:"好,任凭你去支使委派长安君!"于是左师公为长安君备车一百乘到齐国做人质。齐国便派出援军,秦军撤退。

# 毛遂自荐

**【原文】**

　　周郝王五十七年,赵王使平原君求救于楚,平原君约其门下食客文武备具者二十人与之俱①,得十九人,余无可取者。毛遂自荐于平原君。平原君曰:"夫贤士之处世也,譬若锥之处囊中②,其末立见。今先生处胜之门下三年于此矣,左右未有所称诵,胜未有所闻,是先生无所有也。先生不能,先生留!"毛遂曰:"臣乃今日请处囊中耳!使遂蚤得处囊中,乃脱颖而出,非特其末见而已。"平原君乃与之俱,十九人相与目笑之。

**【注释】**

①俱:一同,一起。
②譬若锥之处囊中:好比锥子放在口袋里。譬若,仿佛。

**【译文】**

　　周郝王五十七年(前258),赵王派平原君向楚国求救,平原君邀约他家食客中二十个能文能武的人跟他一同前往,找到了十九人,其余的人都不够条件。毛遂向平原君自我推荐。平原君说:"有才能的人生活在世上,好比锥子放在口袋里,那锥子尖立刻就显露出来。如今先生处在我的门下已经三年了,我身边的人对您没有什么称道,我也没有听说什么,这表明先生没有什么能耐。先生不行呀,先生留下吧!"毛遂说:

"我今天才请求放在口袋里呀!要是让我早先能够放在口袋里,就会像整个谷穗那样突现出来啦,不只是露出个锥子尖而已。"平原君这才同意他随行,那十九个人都看不起他,嘲笑他。

**【原文】**

　　平原君至楚,与楚王言合从①之利害,日出而言之,日中不决。毛遂按剑历阶而上,谓平原君曰:"从之利害,两言而决耳!今日出而言,日中不决,何也?"楚王怒叱曰:"胡不下!吾乃与而君言,汝何为者也?"毛遂按剑而前曰:"王之所以叱遂者,以楚国之众也。今十步之内,王不得恃楚国之众也!王之命悬于遂手。吾君在前,叱者何也?且遂闻汤以七十里之地王天下,文王以百里之壤而臣诸侯,岂其士卒众多哉?诚能据其势而奋其威也。今楚地方五千里,持戟百万,此霸王之资也。以楚之强,天下弗能当②。白起,小竖子耳,率数万之众,兴师以与楚战,一战而举鄢郢,再战而烧夷陵,三战而辱王之先人,此百世之怨而赵之所羞,而王弗之恶焉。合从者为楚,非为赵也。吾君在前,叱者何也?"楚王曰:"唯唯③,诚若先生之言,谨奉社稷以从。"毛遂曰:"从定乎?"楚王曰:"定矣。"毛遂谓楚王之左右曰:"取鸡、狗、马之血来!"毛遂奉铜盘而跪进之楚王曰:"王当歃血以定从;次者吾君,次者遂。"遂定从于殿上。毛遂左手持盘血而右手招十九人曰:"公等相与歃此血于堂下!公等录录④,所谓'因人成事'者也。"平原君已定从而归,至于赵,曰:"胜不敢复相天下士矣!"遂以毛遂为上客。

**【注释】**

　　①合从:即"合纵"。战国时,秦最强大,士人游说六国诸侯联合抗

秦。秦在西,六国地连南北,南北为纵,故六国联合谓之合纵。

②当:抵挡,挡住。

③唯唯:象声词,应答之声。

④录录:即"碌碌",随众附和的样子,平庸无能的样子。

**【译文】**

　　平原君来到楚国,同楚王谈论联合抗秦的利害关系,从太阳一出来就说,说到正午,也没有决定下来。毛遂按剑登阶,上了大殿,对平原君说:"联合抗秦的利害,两句话就决定了,今天太阳一出来说,说到太阳正午也没有个决断,这是怎么搞的!"楚王发怒地呵斥说:"还不下去!我只跟你主人谈话,你是干什么的!"毛遂手按宝剑走向前来说:"大王怒斥我的缘故,就是仗着楚国人多。现在十步以内,大王不能倚仗楚国人多了!大王的性命操在我的手中了。我的主人在我面前,你呵斥什么?再者,我毛遂听说商汤凭借着七十里的土地而统治天下,周文王依靠百里的土地而臣服诸侯,难道是他们士兵众多吗?实在是能够根据形势而发扬威武。而今楚国领土五千里,武装百万兵,这是称霸称王的资本呀。凭借楚国的强大,天下没有人能抵挡。白起,不过是个小子罢了,率领几万兵众,调动军队跟楚国打仗,头一仗就拿下了楚国的国都鄢郢,第二仗就火烧了夷陵,第三仗就凌辱了大王先人,这种百世的仇怨,连我们赵国也引以为耻,而大王却无羞恶之情!联合抗秦为的是楚国,不是赵国。我的主人在面前,你呵斥什么!"楚王说:"是是,真像先生说的那样,我郑重地以整个国家来从命。"毛遂说:"联合抗秦决定了吗?"楚王说:"定了!"毛遂对楚王的侍臣们说:"把鸡、狗、马的血拿来!"毛遂捧着盛血的铜盆跪呈在楚王的面前说:"大王该当饮血来定合纵之约,接着是我的主人,接着是我毛遂。"于是在殿上决定联合抗秦。毛遂左手拿着血盘,而右手招呼那十九个人说:"你们都在堂下喝了这盘血!你们庸庸碌碌,就是所谓的因人成事!"平原君跟楚国定了合纵之约以后就回来了,到了赵国,说:"我赵胜不敢再观察天下的士人了!"于是就把毛遂待为上等门客。

# 荆轲刺秦王

【原文】

　　始皇帝十九年,燕太子丹怨王,欲报之,以问其傅鞠武。鞠武请西约三晋,南连齐、楚,北媾匈奴以图秦。太子曰:"太傅之计,旷日弥久,令人心惛然①,恐不能须②也。"顷之,将军樊於期得罪,亡之燕;太子受而舍之。鞠武谏曰:"夫以秦王之暴而积怒于燕,足为寒心,又况闻樊将军之所在乎!是谓委肉当饿虎之蹊也。愿太子疾遣樊将军入匈奴!"太子曰:"樊将军穷困于天下③,归身于丹,是固丹命卒之时也,愿更虑之!"鞠武曰:"夫行危以求安,造祸以为福,计浅而怨深,乃连结一人之后交,不顾国家之大害,所谓资怨而助祸矣。"太子不听。

【注释】

　　①惛(hūn)然:迷乱,这里指鞠武的计策耗时较长,太子丹因不能马上报仇而感到着急。

　　②须:等待。

　　③穷困于天下:在天下没有安身的地方。

【译文】

　　秦始皇十九年(前228),燕太子丹怨恨秦王,想报仇,便询问自己的太傅鞠武。鞠武提出要在西边与韩、魏、赵三国约盟,南边与齐、楚联合,北边与匈奴交好以共同谋攻秦国。太子丹说:"太傅的计策,拖延的时日太长,使人心里着急,恐怕不能等啊。"不久,秦国的将军樊於期获罪,逃亡到燕国;太子丹接纳他,让他住到客舍里。鞠武规劝太子丹说:"秦王本性凶暴,又对燕国的积怨很深,已足以使人寒心了,更何况听到樊将军在燕国呢!这就是所说的把肉抛到饿虎出没的路上啊。希望太子你赶快遣送樊将军进匈奴!"太子丹说:"樊将军在天下没有安身的地方,只身来归附我,这正是我舍命保护他的时候,希望太傅另想计策!"鞠武说:"行动危险而求安全,造作祸患以求幸福,计虑短浅而结怨极深,为联结一个新交的朋友,不顾给国家带来的大害,这就是在增加怨仇助长祸患啊。"太子丹不接受鞠武的意见。

**【原文】**

太子闻卫人荆轲之贤,卑辞厚礼而请见之。谓轲曰:"今秦已虏韩王,又举兵南伐楚,北临赵;赵不能支秦,则祸必至于燕。燕小弱,数困于兵,何足以当秦!诸侯服秦,莫敢合从。丹之私计愚,以为诚得天下之勇士使于秦,劫秦王,使悉反诸侯侵地,若曹沫之与齐桓公,则大善矣;则不可,因而刺杀之。彼大将擅兵于外而内有乱,则君臣相疑,以其间,诸侯得合从,其破秦必矣。唯荆卿留意焉!"荆轲许之。于是舍荆卿于上舍,太子日造门下,所以奉养荆轲,无所不至。及王翦灭赵,太子闻之惧,欲遣荆轲行。荆轲曰:"今行而无信,则秦未可亲也。诚得樊将军首与燕督亢之地图,奉献秦王,秦王必说见臣,臣乃有以报。"太子曰:"樊将军穷困来归丹,丹不忍也!"荆轲乃私见樊於期曰:"秦之遇将军,可谓深矣,父母宗族皆为戮没!今闻购将军首,金千斤,邑万家,将奈何?"於期太息流涕曰:"计将安出?"荆卿曰:"愿得将军之首以献秦王,秦王必喜而见臣,臣左手把其袖,右手揕①其胸,则将军之仇报而燕见陵之愧除矣!"樊於期曰:"此臣之日夜切齿腐心也!"遂自刎。太子闻之,奔往伏哭,然已无奈何,遂以函盛其首。太子豫求天下之利匕首,使工以药淬之,以试人,血濡缕,人无不立死者。乃装为遣荆轲,以燕勇士秦舞阳为之副,使入秦。

【注释】

①揕(zhèn):用刀剑刺。

【译文】

太子丹听说卫国人荆轲贤能,便带着丰厚的礼物,以谦卑的言辞去求见荆轲。太子丹对荆轲说:"现在秦国已经虏走了韩王,又发兵向南进攻楚国,向北进逼赵国。如果赵国不能顶住秦国的进攻,那么战祸一定转移到燕国。燕国弱小,多次被战争所困,怎么能够抵挡秦国!诸侯各国屈服于秦国,没有谁敢结成联盟。我的想法愚蠢,认为如果真能让天下有名的勇士出使到秦国,劫持秦王,使他交还诸侯所有被侵占的土地,就像曹沫与齐桓公之间发生的事那样,那就太好了;如果秦王不答应,那么就乘机把他刺杀。秦国的大将都在国外把持着军队,而秦国国内有乱,那么君臣之间会互相猜疑,利用这样的良机,诸侯可结成联盟,那样就一定能打败秦国。敬请荆卿你留意这件事!"荆轲答应了太子丹的要求。太子丹于是让荆卿居住在上等客舍里,每天都到荆卿居舍去,所用来奉养荆轲的财物,无不齐备。到王翦灭了赵国时,太子丹听到这消息后很恐惧,想遣送荆轲动身到秦国去。荆轲说:"现在前往秦国又没有凭信,那是不可能靠近秦王的。要能得到樊将军的头颅和燕国督亢地方的地图,把它奉献给秦王,秦王一定高兴接见我,我便可以成功回报太子你。"太子丹说:"樊将军在危困时来归附我,我不忍心杀他啊!"荆轲于是私下去见樊於期,说:"秦国对待将军你,可以说是狠毒至极了,父母宗族都被杀戮已尽!现在听说悬赏购买将军的首级,赏金千斤,封邑万家,这该怎么办?"樊於期长叹流着泪说:"该要怎样计划?"荆轲说:"希望得到将军你的头颅以献给秦王,秦王一定高兴地接见我,我左手拉住他的衣袖,右手以利刃刺进他的胸膛,那么将军你大仇得报,而燕王被凌辱的羞愧也消除了!"樊於期说:"这是我日夜切齿碎心的仇恨啊!"于是自杀。太子丹听到这事,急忙前来伏在樊於期尸体旁哭泣,然而已经无可奈何,只好用匣子装着樊於期的头颅。太子丹又预先准备天下最锋利的匕首,要工匠将匕首用毒药浸染,用这匕首试验刺人,沾上丝缕的鲜血,人没有不立即死去的。于是准备装束以遣送荆轲,任命燕国勇士秦舞阳为荆轲的副手,派他们进入秦国。

## 【原文】

二十年,荆轲至咸阳,因王宠臣蒙嘉卑辞以求见,王大喜,朝服,设九宾而见之。荆轲奉图以进于王,图穷而匕首见,因把王袖而揕之;未至身,王惊起,袖绝。荆轲逐王,王环柱而走。群臣皆愕,卒起不意,尽失其度。而秦法,群臣侍殿上者不得操尺寸之兵,左右以手共搏之,且曰:"王负剑!"负剑,王遂拔以击荆轲,断其左股。荆轲废,乃引匕首擿[①]王,中铜柱。自知事不就,骂曰:"事所以不成者,以欲生劫之,必得约契以报太子也!"遂体解荆轲以徇。王于是大怒,益发兵诣赵,就王翦以伐燕,与燕师、代师战于易水之西,大破之。

## 【注释】

①擿(zhì):投掷。

## 【译文】

秦始皇二十年(前227),荆轲到了咸阳,通过秦王宠爱的臣子蒙嘉以谦卑的言辞去求见秦王,秦王十分高兴,穿上朝服,以迎接宾客的礼仪接见荆轲。荆轲捧着地图进献给秦王,地图展示到末端,匕首显现出来,荆轲乘势拉住秦王的衣袖,用匕首刺杀秦王;还没有刺到秦王的身上,秦王震惊起身,衣袖断绝。荆轲追逐秦王,秦王围绕着殿柱奔跑。群臣都惊愕,突然发生的意外让他们全都失去了常态。按照秦国的法律,群臣在殿上侍奉秦王时不能持有任何兵器,秦王身边的侍从只得徒手去搏击荆轲,并且提醒秦王说:"大王你背(bēi)着剑!"背剑后,于是秦王把剑拔出刺向荆轲,斩断了荆轲的左大腿。荆轲残废,于是举起匕首掷向秦王,匕首击中了铜柱。荆轲自知刺杀秦王没能成功,大骂道:"大事之所以不能成功,是因为想活捉你,一定要得到你签署的契约去回报太子啊。"后来荆轲被肢解以示众。秦王大怒,增派军队到赵国,与王翦的军队会合以攻伐燕国,与燕国、代国的军队在易水以西交战,把燕、代军队打得大败。

# 鸿门宴

**【原文】**

　　太祖高皇帝元年。已而项羽至关,关门闭;闻沛公已定关中,大怒,使黥布等攻破函谷关。十二月,项羽进至戏。沛公左司马①曹无伤使人言项羽曰:"沛公欲王关中,令子婴为相,珍宝尽有之。"欲以求封。项羽大怒,飨②士卒,期旦日击沛公军。当是时,项羽兵四十万,号百万,在新丰鸿门;沛公兵十万,号二十万,在霸上。

**【注释】**

　　①左司马:官名,将军下面的属官,掌管军事。
　　②飨(xiǎng):用酒食款待宾客,这里是犒劳的意思。

**【译文】**

　　汉太祖高皇帝元年(前206)。不久项羽带兵来到函谷关,关门紧闭;又听说沛公已平定关中地方,项羽大为愤怒,派遣黥布等攻下函谷关。十二月,项羽的军队到达戏地。沛公的左司马曹无伤派人对项羽说:"沛公打算在关中称王,叫秦王子婴做相国,秦国的珍宝都归他所有了。"借此想要求封赏。项羽大怒,便让士兵们饱餐一顿,约定第二天早上去攻伐沛公的军队。当时,项羽有四十万兵力,号称百万,驻在新丰鸿门;沛公有兵力十万,号称二十万,驻军霸上。

## 【原文】

范增说项羽曰:"沛公居山东时,贪财,好色。今入关,财物无所取,妇女无所幸①,此其志不在小。吾令人望其气,皆为龙虎,成五采,此天子气也,急击勿失!"

## 【注释】

①幸:君主对妻妾的宠爱。

## 【译文】

范增劝项羽说:"沛公在山东的时候,贪财好色。如今进了关,财物也不要了,女色也不近了,由此看来,他的志向不小啊!我叫人观察过他的气数,都是龙虎之形,形成五彩,这是天子的气数啊,要赶快进攻,不要失掉良机!"

## 【原文】

楚左尹项伯者,项羽季父也,素善张良①,乃夜驰之沛公军,私见张良,具告以事,欲呼与俱去,曰:"毋俱死也!"张良曰:"臣为韩王送沛公。沛公今有急,亡去不义,不可不语。"良乃入,具告沛公。沛公大惊。良曰:"料公士卒足以当②项羽乎?"沛公默然曰:"固不如也。且为之奈何?"张良曰:"请往谓项伯,言沛公之不敢叛也。"沛公曰:"君安与项伯有故?"张良曰:"秦时与臣游,尝杀人,臣活之。今事有急,故幸来告良。"沛公曰:"孰与君少长?"良曰:"长于臣。"沛公曰:"君为我呼入,吾得兄事之。"张良出,固要③项伯;项伯即入见沛公。沛公奉卮酒为寿,约为婚姻,曰:"吾入关,秋毫不敢有所近,籍吏民,封府库而待将军。所以遣将守关者,备他盗之出入与非常也。日夜望将军至,岂敢反乎!愿伯具言臣之不敢倍德也。"项伯许诺,谓沛公曰:"旦日不可不蚤自来谢。"沛公曰:"诺。"于是项伯复夜去,至军中,具以沛公言报项羽。因言曰:"沛公不先破关中,公岂敢入乎!今人有大功而击之,不义也。不如因善遇之。"项羽许诺。

**【注释】**

①素善张良:一向与张良友善。善,友善,交好。张良,字子房,刘邦的主要谋士。

②当(dāng):对等,比得上。

③要(yāo):通"邀",邀请。

**【译文】**

楚国左尹项伯,是项羽的叔父,向来同张良要好,于是连夜骑马奔到沛公驻军的营地,私下会见张良,把这些事详细告诉他,想要张良同自己一道离去,说:"别跟着沛公一起死啊!"张良说:"我因为韩王的缘故而伴送沛公,沛公现在有了急难,我出走离去,是不仁义的,不可不告诉他。"张良便进去,把所有情况告诉沛公。沛公大惊。张良说:"沛公你估计一下,你的军队足以抵挡项羽的军队吗?"沛公默不作声,然后说:"当然不如项羽了,但是该怎么办呢?"张良说:"请前去告诉项伯,说沛公是不敢背叛项羽的。"沛公说:"你是怎么同项伯有交情的呢?"张良说:"在秦朝的时候他同我在外游历,他曾经杀了人,我救了他的命。现在事情危急,所以来告诉我。"沛公说:"你与他哪个年龄大?"张良说:"他比我年长。"沛公说:"你替我招呼他进来,我要像侍奉兄长那样接待他。"张良出去,诚心邀请项伯;项伯便进去会见沛公。沛公捧着酒向项伯问好,约定同他结为儿女亲家,说:"我进入关内,丝毫都不敢私自占有,登记好官民的户籍,封存好府库,为的是等待将军的到来。之所以派遣将领把守函谷关,是为了防备其他盗贼出入及意外的事变。我日夜盼望将军到来,哪里敢反叛呢?希望项伯你详尽地为我解释,我绝不敢背信弃义。"项伯答应了,对沛公说:"明天一定要早些亲自来向项王谢罪。"沛公说:"是。"于是项伯又连夜回去,到达军中,把沛公的话全都向项羽报告了。接着说:"沛公不先攻破关中,你难道敢入关吗?现在人家有大功而你去攻击他,这是不义啊。不如就此好好地对待他。"项羽答应了。

【原文】

沛公旦日从百余骑来见项羽鸿门,谢曰:"臣与将军戮力①而攻秦,将军战河北,臣战河南。不自意能先入关破秦,得复见将军于此。今者有小人之言,令将军与臣有郤。"项羽曰:"此沛公左司马曹无伤言之,不然,籍何以至此!"项羽因留沛公与饮。范增数目项羽,举所佩玉玦以示之者三。项羽默然不应。范增起,出,召项庄,谓曰:"君王为人不忍。若入前为寿,寿毕,以剑舞,因击沛公于坐,杀之。不者,若属皆且为所虏!"庄则入为寿,寿毕,曰:"军中无以为乐,请以剑舞。"项羽曰:"诺。"项庄拔剑起舞。项伯亦拔剑起舞,常以身翼蔽沛公,庄不得击。

【注释】

①戮(lù)力:合力。

【译文】

沛公在第二天早晨带领一百多人骑马来到鸿门见项羽,向项羽道歉说:"我与将军你协力攻打秦军,将军转战黄河以北,我征战黄河以南。但我自己没有想到能先进攻破秦国,得以在这里再见到将军。现在有小人说了挑拨的话,使得将军与我之间产生了嫌隙。"项羽说:"这是沛公左司马曹无伤讲的,不然的话,我项羽哪里会有这种想法呢?"项羽便留下沛公共同宴饮。范增多次使眼色暗示项羽,再三拿起佩挂在身上的玉玦向项羽示意,项羽沉默不理会。范增起身,出去之后,召来项庄,对他说:"君王为人下不了狠心。你进去到席前敬酒,敬完酒,便请求表演舞剑助兴,乘机刺杀沛公,在座位上把他杀死。否则,你们这些人将来都被他俘虏!"项庄随即进帐敬酒。敬酒完毕,说:"军中没有什么可以娱乐的,请让我表演舞剑吧。"项羽说:"很好。"项庄拔出剑起舞。项伯也拔出剑起舞,常常以身体去掩护沛公,项庄没有机会刺沛公。

## 【原文】

于是张良至军门见樊哙。哙曰:"今日之事何如?"良曰:"今项庄拔剑舞,其意常在沛公也。"哙曰:"此迫矣,臣请入,与之同命!"哙即带剑拥盾入。军门卫士欲止不内,樊哙侧其盾以撞,卫士仆地。遂入,披帷①立,瞋目视项羽,头发上指,目眦尽裂。项羽按剑而跽②曰:"客何为者?"张良曰:"沛公之参乘樊哙也。"项羽曰:"壮士!赐之卮酒!"则与斗卮酒。哙拜谢,起,立而饮之。项羽曰:"赐之彘肩!"则与一生彘肩。樊哙覆其盾于地,加彘肩其上,拔剑切而啖之。项羽曰:"壮士能复饮乎?"樊哙曰:"臣死且不避,卮酒安足辞!夫秦有虎狼之心,杀人如不能举,刑人如恐不胜;天下皆叛之。怀王与诸将约曰:'先破秦入咸阳者,王之。'今沛公先破秦入咸阳,豪毛不敢有所近,还军霸上以待将军。劳苦而功高如此,未有封爵之赏,而听细人之说,欲诛有功之人,此亡秦之续耳,窃为将军不取也!"项羽未有以应,曰:"坐!"樊哙从良坐。

【注释】

①披帷:掀开帷幕。
②按剑而跽(jì):握着剑,跪直身子,是一种警备的姿势。

【译文】

　　于是张良到军营门口去见樊哙。樊哙说:"今日的情况怎么样?"张良说:"现在项庄拔出剑起舞,他的用意是指向沛公的。"樊哙说:"这种情况太紧急了,让我进去,同沛公生死与共!"樊哙立即带剑持盾闯进军门。军门的卫士想阻止不让进去,樊哙把盾牌横着一撞,卫士跌倒在地。樊哙便冲进去,揭开帷帐在旁站立,瞪着眼睛怒视项羽,头发直竖起来,眼眶都要裂开了。项羽按住剑长跪着说:"你是什么人?"张良说:"这是沛公随车的卫士樊哙。"项羽说:"是位壮士!赐他一杯酒!"但拿给他的是一斗酒。樊哙俯地拜谢,而后起身站着,一口气喝完。项羽说:"赏他一条猪腿!"于是拿给他一条生猪腿。樊哙把盾牌翻过来放在地上,把猪腿放在上面,拔出剑切割猪腿肉吃着。项羽说:"壮士还能饮酒吗?"樊哙说:"我连死都不回避,一杯酒还值得推辞吗?那秦王有虎狼般的野心,杀人唯恐不够多,罚人唯恐不够狠;天下的人都叛变他。怀王同将领们约定:'谁先攻破秦国进入咸阳,就在那里称王。'现在沛公先攻破秦国,进入咸阳,财物丝毫不敢占有,把军队撤回霸上驻扎,等待将军你的到来。这般劳苦功高,没有得到封爵的赏赐也罢,你反而听信小人的挑拨,想诛杀有功之人,这是已灭亡了的秦国的延续,我个人认为将军的做法不可取!"项羽一时无话回答,说:"坐下!"樊哙挨着张良坐着。

【原文】

　　坐须臾,沛公起如厕,因招樊哙出。沛公曰:"今者出,未辞也,为之奈何?"樊哙曰:"如今人方为刀俎,我方为鱼肉,何辞为!"于是遂去。鸿门去霸上四十里,沛公则置车骑,脱身独骑;樊哙、夏侯婴、靳强、纪信等四人持剑、盾步走,从郦山下道芷阳,间行趣霸上。留张良使谢项羽,以白璧献羽,玉斗与亚父。沛公谓良曰:"从此道至吾军,不过二十里耳。度我至军中,公乃入。"沛公已去,间至军中,张良入谢曰:"沛公不胜杯杓,不能辞,谨使臣良奉白璧一双,再拜献将军足下;玉斗一双,再拜奉亚父足下。"项羽曰:"沛公安在?"良曰:"闻将军有意督过之,脱身独去,已至军矣。"项羽则受璧,置之坐上。亚父受玉斗,置之地,拔剑撞而破之,曰:"唉!竖子不足与谋!夺将军天下者,必沛公也。吾属今为之虏矣!"沛公至军,立诛杀曹无伤。

**【译文】**

坐了一会儿,沛公起来上厕所,趁机招呼樊哙出去。沛公说:"现在出走,并未告辞,应怎么办?"樊哙说:"现在人家是刀和砧板,我们正是鱼肉,还告辞做什么!"于是便离鸿门而去。鸿门距离霸上四十里,沛公便弃置车骑不用,独自骑马脱身而逃;樊哙、夏侯婴、靳强、纪信等四人手持刀剑、盾牌步行,从郦山脚下经过芷阳,抄小道赶回霸上。留下张良让他去辞谢项羽,把白璧献给项羽,把玉斗送给亚父范增。沛公对张良说:"从这条路到我们军中,不过二十里而已。估算我已经回到了军中之时,你便可进去辞谢。"沛公已经离开鸿门,从小路回到了军中,张良这时才进帐向项羽辞谢说:"沛公经受不了酒力,不能亲自来告辞了,他让小臣张良恭敬地奉上白璧一双,再拜献给将军你;玉斗一双,再拜送给亚父足下。"项羽说:"沛公在哪里?"张良说:"听说大王有意要责备他,所以一个人脱身回去,已经到军中了。"项羽就接受了白璧,放在座位上。亚父接过玉斗,放在地上,拔出剑来将它击碎,说:"唉!这小子不值得共同谋划!夺取将军天下的人,一定是沛公啊。我们这些人如今都要被他俘虏了!"沛公回到军中,立即诛杀了曹无伤。

# 萧何月下追韩信

**【原文】**

太祖高皇帝元年,初,淮阴人韩信,家贫,无行,不得推择为吏,又不能治生商贾,常从人寄食饮,人多厌之。信钓于城下,有漂母见信饥,饭信。信喜,谓漂母曰:"吾必有以重报母。"母怒曰:"大丈夫不能自食,吾哀王孙而进食,岂望报乎!"淮阴屠中少年有侮信者曰:"若虽长大,好带刀剑,中情怯耳。"因众辱之曰:"信能死,刺我;不能死,出我袴下!"于是信孰视之,俛出袴下,蒲伏①。一市人皆笑信,以为怯。

**【注释】**

①蒲伏:即"匍匐",趴在地上前行。

**【译文】**

汉太祖高皇帝元年(前206),当初,淮阴人韩信,家里既贫穷又没有善行,不能够被推选为官吏,也不会从事生产或经营商业,经常投靠到别人家里讨要饮食,别人大都厌恶他。韩信到城边钓鱼,有位漂洗丝绵的老大娘看到韩信饥饿,就拿饭给他吃。韩信很高兴,对这位老大娘说:"我将来一定会重重地报答你老人家。"老大娘生气地说:"一个堂堂的大丈夫养不活自己,我只是可怜你才给你饭吃,难道是希望得到报答吗?"淮阴屠户中有个年轻人侮辱韩信说:"你虽然身材高大,喜欢带刀剑,实际上内心怯懦。"于是当众侮辱他说:"韩信你不怕死,就用刀刺我;要是怕死,就从我的裤裆下钻过去。"韩信注视他好久,俯身从他的裤裆下爬行过去,趴在地上。满街市的人都嘲笑韩信,认为他胆怯、没有骨气。

## 【原文】

及项梁渡淮,信杖剑从之。居麾下,无所知名。项梁败,又属项羽,羽以为郎中。数以策干羽,羽不用。汉王之入蜀,信亡楚归汉,未知名。为连敖①,坐当斩。其辈十三人皆已斩,次至信,信乃仰视,适见滕公,曰:"上不欲就天下乎?何为斩壮士?"滕公奇其言,壮其貌,释而不斩;与语,大说之,言于王。王拜以为治粟都尉,亦未之奇也。

## 【注释】

①连敖:连,地方行政单位。敖,储存粮食的仓库。这里指韩信投奔刘邦后却只担任了一个管理粮仓的小官。

## 【译文】

等到项梁率兵渡过淮河,韩信持剑加入项梁的军队。在项梁旗下,一直没有什么名气。项梁兵败后,韩信又投靠项羽,项羽任命他为郎中。他多次向项羽献计策,项羽都没有采用。汉王刘邦率兵进入蜀地后,韩信从楚军中逃出来投奔到汉军,也没有什么名气。担任了一个管理粮仓的小官,因犯法要处斩。他的同伙十三人都被斩杀后,轮到了韩信,韩信抬头仰望,恰巧看到了滕公夏侯婴,便说:"汉王不是想要得天下吗?为什么斩杀壮士呢?"滕公对他的话很惊奇,看他的容貌也觉得雄壮,于是释放了他;和他交谈,很是喜欢,便把此事告诉了汉王。汉王任命韩信为治粟都尉,但也未特别看重他。

## 【原文】

　　信数与萧何语,何奇之。汉王至南郑,诸将及士卒皆歌讴思东归,多道亡者①。信度何等已数言王,王不我用,即亡去。何闻信亡,不及以闻,自追之。人有言王曰:"丞相何亡。"王大怒,如失左右手。居一二日,何来谒王。王且怒且喜,骂何曰:"若亡,何也?"何曰:"臣不敢亡也,臣追亡者耳。"王曰:"若所追者谁?"何曰:"韩信也。"王复骂曰:"诸将亡者以十数,公无所追。追信,诈也!"何曰:"诸将易得耳。至如信者,国士无双。王必欲长王②汉中,无所事信;必欲争天下,非信无可与计事者。顾王策安所决耳!"王曰:"吾亦欲东耳,安能郁郁久居此乎!"何曰:"计必欲东,能用信,信即留;不能用信,终亡耳。"王曰:"吾为公以为将。"何曰:"虽为将,信不留。"王曰:"以为大将。"何曰:"幸甚!"于是王欲召信拜之。何曰:"王素慢无礼。今拜大将,如呼小儿,此乃信所以去也。王必欲拜之,择良日,斋戒,设坛场,具礼,乃可耳。"王许之。诸将皆喜,人人各自以为得大将。至拜大将,乃韩信也,一军皆惊。

## 【注释】

①多道亡者:很多人在半路上逃走。
②王:动词,称王。

## 【译文】

　　韩信曾多次同萧何交谈,萧何很赏识他。汉王到南郑时,将领们及士卒都哼唱家乡的歌曲想回关东,很多人在半路上逃走。韩信猜想萧何等人已多次把自己推荐给汉王,汉王不重用自己,随即逃走而去。萧何听说韩信逃走,来不及报告汉王,就自己去追赶他。有人禀报汉王说:

"丞相萧何逃走了。"汉王大怒,就像失去了左右手。过了一两天,萧何来进见汉王。汉王既愤怒又高兴,骂萧何说:"你逃走,是为什么啊?"萧何说:"我不敢逃走,我是去追赶逃走的人了。"汉王说:"你所追的是谁?"萧何说:"是韩信啊。"汉王又骂道:"将领中逃走的数以十计,你没有去追。追韩信,不是真话!"萧何说:"那些将领容易得到,至于像韩信这样的人,那可是举国无双的人才。你要是一心想长期在汉中称王,那用不着韩信;你如果一定要争夺天下,那除了韩信就没有能共商大计的人了。这只看你的计策怎么决定了!"汉王说:"我也想向东进啊,哪能郁郁不乐长久居住在这里呢!"萧何说:"你的计策既是一定要东进,要是能够任用韩信,韩信就会留下来;你不能任用韩信,他终究还是会逃走的。"汉王说:"我听你的,任命他为将军。"萧何说:"即便任命他为将军,韩信也不会留下来。"汉王说:"任命他为大将。"萧何说:"很好!"于是汉王想召韩信来任命他为大将。萧何说:"汉王你向来傲慢,没有礼貌。如今任命大将,就像使唤小孩一样,这就是韩信之所以要离去的原因。汉王你一定要任命他为大将的话,就选一个好日子,亲自斋戒,设立坛场,具备礼仪,这样才可以。"汉王同意了。将领们都很高兴,人人都以为自己会担任大将。等到任命大将的时候,竟然是韩信,全军都很吃惊。

**【原文】**

信拜礼毕,上坐。王曰:"丞相数言将军,将军何以教寡人计策?"信辞谢,因问王曰:"今东乡争权天下,岂非项王耶?"汉王曰:"然。"曰:"大王自料,勇悍仁强孰与项王?"汉王默然良久,曰:"不如也。"信再拜贺曰:"惟信亦以为大王不如也。然臣尝事之,请言项王之为人也。项王喑噁叱咤①,千人皆废,然不能任属贤将;此特匹夫之勇耳。项王见人,恭敬慈爱,言语呕呕,人有疾病,涕泣分食饮;至使人,有功当封爵者,印刓敝②,忍不能予;此所谓妇人之仁也。项王虽霸天下而臣诸侯,不居关中而都彭城;背义帝之约,而以亲爱王诸侯,不平;逐其故主而王其将相,又迁逐义帝置江南;所过无不残灭,百姓不亲附,特劫于威强耳。名虽为霸,实失天下心,故其强易弱。今大王诚能反其道,任天下武勇,何所不诛!以天下城邑封功臣,何所不服!以义兵从思东归之士,何所不散!且三秦王为秦将,将③秦子弟数岁矣,所杀亡不可胜计;又欺其众降诸侯,至新安,项王诈坑秦降卒二十余万,唯独邯、欣、翳得脱。秦父兄怨此三人,痛入骨髓。今楚强以威王此三人,秦民莫爱也。大王之入武关,秋毫无所害;除秦苛法,与秦民约法三章;秦民无不欲得大王王秦者。于诸侯之约,大王当王关中,关中民咸知之;大王失职入汉中,秦民无不恨者。今大王举而东,三秦可传檄④而定也。"于是汉王大喜,自以为得信晚,遂听信计,部署诸将所击。留萧何收巴、蜀租,给军粮食。

## 【注释】

①喑噁叱咤:发怒声。

②刓(wán)敝:摩挲致损,磨损。

③将:率领。

④传檄(xí):发布文告。檄,古代官方用以征召、晓谕、声讨的文书。

## 【译文】

韩信的任命仪式结束后,坐了下来。汉王说:"丞相多次说起将军,将军你用什么计策来指教我?"韩信谦让,于是问汉王说:"现在大王向东去争夺天下,对手难道不是项王吗?"汉王说:"是的。"韩信说:"大王你自己估计,在勇猛仁爱等方面与项王比较哪个强?"汉王沉默了好一会儿,说:"我比不上他。"韩信一再作揖祝贺说:"就是我也认为大王你比不上他。不过我曾经跟从过他,请让我说说他的为人吧。项王发怒咆哮时,千百人都被慑服,然而他不能信用贤将;这不过是匹夫之勇罢了。项王待人,恭敬慈爱,说话和气,有人病了,他流泪送上饮食;到了派人打仗,有了战功应当封官授爵时,他把印拿在手里,直到玩弄得磨去棱角,还舍不得给人家;这也就是所谓妇人的仁慈罢了。项王虽然称霸天下而统治诸侯,但他不占据关中而在彭城建都;违背义帝'先破秦入关者王之'的约定,而把自己亲近喜爱的人封为王,这不公平;驱逐过去的诸侯王而让他的将相为王,他又迁徙义帝到江南去;项王军队所经过的地方,没有不残毁灭绝的,老百姓不亲近归附他,只是被他的威势强横所胁迫罢了。他名义上虽称霸王,实际上失去了人心,所以他的强大容易被削弱。现在大王你若真能够反其道而行之,任用天下威武勇猛的人,还有哪里不能诛讨平定!将天下城邑分封给功臣,又有哪个不信服!用义兵跟从想东归的士卒,有什么军队不能击溃!而且项羽分封的关中三个秦王原来都是秦朝的将领,他们率领秦军子弟已有多年了,被杀死和逃亡的不可胜数;他们又欺骗自己的部下,投降了诸侯,到达新安后,项羽用欺骗的手段坑埋了秦军投降的士卒二十多万人,唯独章邯、司马欣、董翳能够脱身。秦地的父老兄弟怨恨这三个人,恨入骨髓。现在西楚霸王以自己的威势强行将这三人封为王,秦地的人民没有人拥戴他们。大王你进入武关,秋毫无犯;废除秦朝苛刻的法律,和秦民约定三章法规;秦民没有不希望你为秦王的。按照诸侯事先的约定,你应当在关中为王,这是关中百姓都知道的;大王你失去应得的职位进入汉中,秦民没有不感到痛心的。现在大王你起兵东进,三秦一带只要发布一道文告就能平定。"于是汉王很高兴,自恨结识韩信太晚,因而听从韩信的计谋,部署各路将军出兵进击的路线。留萧何在汉中收取巴蜀租税,以供给军队粮食。

# 垓下悲歌

**【原文】**

太祖高皇帝五年,十二月,项王至垓下,兵少,食尽,与汉战不胜,入壁;汉军及诸侯兵围之数重。项王夜闻汉军四面皆楚歌,乃大惊曰:"汉皆已得楚乎?是何楚人之多也?"则夜起,饮帐中,悲歌慷慨,泣数行下;左右皆泣,莫能仰视。于是项王乘其骏马名骓,麾下壮士骑从者八百余人,直夜,溃围①南出驰走。平明②,汉军乃觉之,令骑将灌婴以五千骑追之。项王渡淮,骑能属者才百余人。至阴陵,迷失道,问一田父,田父绐③曰"左"。左,乃陷大泽中,以故汉追及之。

**【注释】**

①溃围:冲出包围。
②平明:天刚亮时。
③绐(dài):欺骗。

**【译文】**

汉高祖五年(前202),十二月,项王到了垓下,军队士卒少,粮食耗尽,与汉军交战失败,便退入营垒中;汉军会同诸侯军队重重加以包围。项王夜里听到汉军从四面唱起楚歌,于是大惊说:"汉军都已占据楚地了吗?怎么楚人这么多呢?"项王深夜起来,在军帐中饮酒,慷慨悲歌,伤心流泪,侍卫们也都哭泣,没有谁能抬头看他。于是项王跨上他的名叫骓的骏马,旗下八百多壮士骑着马随行,半夜时朝南冲出包围,纵马奔驰。天快亮的时候,汉军方才觉察,命令骑将灌婴率领五千骑兵追赶。项王渡过淮河,能跟上的随骑只有一百多人了。项王到了阴陵地方,迷失了道路,问一个农夫,农夫骗他说:"往左!"项王往左走,便陷入一片沼泽地里,所以很快被汉军追上了。

## 【原文】

项王乃复引兵而东,至东城,乃有二十八骑;汉骑追者数千人。项王自度不得脱,谓其骑曰:"吾起兵至今,八岁矣;身七十余战,未尝败北,遂霸有天下。然今卒困于此,此天之亡我,非战之罪也。今日固决死,愿为诸君快战,必溃围,斩将,刈旗,三胜之,令诸君知天亡我,非战之罪也。"乃分其骑以为四队,四乡。汉军围之数重。项王谓其骑曰:"吾为公取彼一将。"令四面骑驰下,期山东为三处。于是项王大呼驰下,汉军皆披靡,遂斩汉一将。是时,郎中骑杨喜追项王,项王瞋目而叱之,喜人马俱惊,辟易数里。项王与其骑会为三处,汉军不知项王所在,乃分军为三,复围之。项王乃驰,复斩汉一都尉,杀数十百人。复聚其骑,亡其两骑耳。乃谓其骑曰:"何如?"骑皆伏曰:"如大王言!"

## 【译文】

项王只得又带兵向东走,到了东城地方,只剩下二十八个随骑了;追赶的汉军骑兵有几千人。项王估计不能脱身,对部下骑兵说:"我从起兵到今,有八年了;身经七十余战,没有失败过,于是称霸天下。然而今天却受困在这个地方,这是天要亡我,不是我用兵打仗的过失。今天定要决一死战,愿为诸位痛快地打一仗,一定要冲溃包围,斩杀汉军将领,砍掉汉军大旗,一定要打胜三次,让诸君知道是天要亡我,不是我用兵打仗的过失。"于是将随从分为四队,朝着四个方向突围。汉军把他们重重包围。项王对部下骑兵说:"我为你们斩对方一将。"命令四面骑兵各往下冲,约定在山的东面分三处集合。于是项王大声呼喝向下直冲,汉军溃散,随即便斩杀了一名汉军将领。这时郎中骑杨喜追赶项王,项王瞪眼大喝一声,杨喜连人带马都惊慌失措,退避了好几里路。项王与他的骑兵约定在三处会合,汉军不知道项王在哪一处,便把军队一分为三,又包围起来。项王便往来驰突,又斩杀汉军一都尉,杀死几十上百人。再次聚集骑兵队伍,只不过损失了两骑而已。便对他的随骑说:"怎么样?"骑兵们都敬服地说:"正如大王所说的那样!"

## 【原文】

于是项王欲东渡乌江,乌江亭长舣船待,谓项王曰:"江东虽小,地方千里,众数十万人,亦足王也。愿大王急渡!今独臣有船,汉军至,无以渡。"项王笑曰:"天之亡我,我何渡为?且籍与江东子弟八千人渡江而西,今无一人还;纵江东父兄怜而王我,我何面目见之!纵彼不言,籍独不愧于心乎!"乃以所乘骓马赐亭长,令骑皆下马步行,持短兵接战。独籍所杀汉军数百人,身亦被十余创。顾见汉骑司马吕马童,曰:"若非吾故人乎?"马童面之,指示中郎骑王翳曰:"此项王也!"项王乃曰:"吾闻汉购我头千金,邑万户;吾为若德。"乃刎而死。王翳取其头,余骑相蹂践争项王,相杀者数十人。最其后,杨喜、吕马童及郎中吕胜、杨武各得其一体;五人共会其体,皆是。故分其户,封五人皆为列侯。

**【译文】**

于是项王想从东边渡过乌江,乌江亭长正备船靠岸等待,对项王说:"江东虽小,但有方圆千里的地方,几十万的民众,也足够称王了。希望大王你急速渡江!现在只有我有船,等汉军赶来,就没有船只可渡。"项王笑着说:"天要使我灭亡,我还渡江干什么?况且我项籍带领江东子弟八千人渡江而西进,今天没有一人生还;纵使江东父老爱怜而拥立我为王,我又有何脸面见他们?纵使他们不说什么,我项籍难道不感到内心有愧吗?"于是把所乘的骓马赏赐给亭长,命令随骑都下马步行,手持短兵器交战。仅项籍一人所杀死的汉军就有几百人,他自己身上也受伤十多处。回头看见汉军骑兵司马吕马童,说:"你不是我的老相识吗?"吕马童掉过头去,背对项王,用手指示中郎骑王翳说:"这就是项王!"项王便说:"我听说汉王以我的人头悬赏千金,并封邑万户:我为你们做好事吧。"说完便自刎而死。王翳割下头颅,其他骑兵为争夺项王的尸体互相踩踏,自相残杀而死的有几十人。最后,杨喜、吕马童及郎中吕胜、杨武各抢到一段尸体;五个人把所得的尸体合在一起,正是项王的全尸。因此汉王便把万户封邑分成五份,将五人都封为列侯。

**【原文】**

楚地悉定,独鲁不下;汉王引天下兵欲屠之。至其城下,犹闻弦诵之声,为其守礼义之国,为主死节,乃持项王头以示鲁父兄,鲁乃降。汉王以鲁公礼葬项王于谷城,亲为发哀,哭之而去。诸项氏枝属皆不诛。封项伯等四人皆为列侯,赐姓刘氏;诸民略在楚者皆归之。

【译文】

　　楚地全部平定了,只有鲁地不归顺;汉王于是带领天下诸侯兵想要屠灭鲁地。到了城下,听到弦歌诵咏的声音,因为鲁地是守礼仪的王国,鲁民对他的主上尽忠守节,汉王便派人提着项王的头颅传示鲁地父老,鲁地这才降服。汉王以鲁公的礼仪把项王葬在谷城,亲自为项王举行丧礼,悼哭后离去。所有项氏宗族,汉王一律不杀。还封项伯等四人为列侯,赐姓刘氏;被迫来到楚地的人民也都返归原籍。

# 汉高祖知人善任

【原文】

　　帝置酒洛阳南宫,上曰:"彻侯、诸将毋敢隐朕,皆言其情;吾所以有天下者何?项氏之所以失天下者何?"高起、王陵对曰:"陛下使人攻城略地,因以与之,与天下同其利;项羽不然,有功者害之,贤者疑之,此其所以失天下也。"上曰:"公知其一,未知其二。夫运筹帷幄之中,决胜千里之外,吾不如子房;填①国家,抚百姓,给饷馈,不绝粮道,吾不如萧何;连②百万之众,战必胜,攻必取,吾不如韩信。三者皆人杰,吾能用之,此所以取天下者也。项羽有一范增而不能用,此所以为我禽③也。"群臣说服④。

【注释】

　　①填:通"镇",安定。
　　②连:联合,这里指组织军队。
　　③禽:即"擒",捕捉,战胜。
　　④说(yuè)服:心悦诚服。

【译文】

　　汉高祖刘邦在洛阳南宫举行盛大酒会,汉高祖说:"各位侯爵将领,不要隐瞒我,你们都要讲实话;谈一谈我为什么能够得到天下?项羽为什么会失掉天下?"高起、王陵回答说:"陛下派人攻城略地,攻下的城邑就分封给他们,和天下的人共同享受利益;而项羽就不是这样,对有功的人妒忌,对有才能的贤人怀疑,这是项羽失去天下的原因。"汉高祖说:"二位只知其一,不知其二。在营帐内谋划作战方略,能决定千里以外的胜利,我赶不上张良;治理国家,安抚百姓,供给粮饷,不断绝粮草的运输通道,我赶不上萧何;组织百万大军,战必胜,攻必克,我赶不上韩信。这三个人都是杰出的人才,我都能重用他们,这才是我取得天下的根本原因。项羽只有一个范增有才能,还不能被他重用,这就是他被我所擒获的原因。"群臣听了,都深信不疑,心悦诚服。

# 治理国家要读书

**【原文】**

陆生时时前说称诗、书,帝骂之曰:"乃公居马上而得之,安事诗、书!"陆生曰:"居马上得之,宁可以马上治之乎?且汤、武逆取而以顺守之;文武并用,长久之术也。昔者吴王夫差、智伯、秦始皇,皆以极武而亡。乡使①秦已并天下,行仁义,法先圣,陛下安得而有之!"帝有惭色,曰:"试为我著②秦所以失天下,吾所以得之者及古成败之国。"陆生乃粗述存亡之征,凡著十二篇。每奏一篇,帝未尝不称善,左右呼万岁;号其书曰《新语》。

**【注释】**

①乡使:同"向使",假如。
②著:著述,编著。

**【译文】**

陆贾先生时常在高帝面前称赞《诗经》和《尚书》,高帝骂他说:"江山是我从战马上获得的,为什么要注重《诗经》和《尚书》呢?"陆贾先生回答说:"江山虽然是您在战马上获得的,难道也能在战马上治理它吗?从前汤王和武王虽然也是在战马上取得江山,但是却能够以文治守成;文武并用才是长久之计。往昔吴王夫差、晋卿智伯、秦始皇,都是因为只会使用武力才导致国家灭亡的。如果从前的秦始皇在夺取天下之后,推行仁义,效法先代圣明,陛下的江山怎么会获得呢!"高帝听罢,自觉惭愧,说:"请你为我编著秦始皇失去天下的原因,我能够得到天下的原因以及古代国家成功的经验和失败的教训。"陆贾按照皇上的旨意,粗略地引征了历代存亡的史料,共编著成书十二篇。每上奏一篇,高帝无不称赞叫好,左右大臣齐呼"万岁";高帝亲自为此书题名为《新语》。

# 有过即改,不失圣贤

**【原文】**

臣光曰:过者,人之所必不免也;惟圣贤为能知而改之。古之圣王,患其有过而不自知也,故设诽谤之木,置敢谏之鼓,岂畏百姓之闻其过哉!是以仲虺美成汤曰:"改过不吝。"傅说戒高宗曰:"无耻过作非。"由是观之,则为人君者,固不以无过为贤,而以改过为美也。今叔孙通谏孝惠,乃云"人主无过举",是教人君以文过遂非也;岂不缪哉!

**【译文】**

司马光说:过错,是人人都避免不了的;只有圣贤才能做到知错即改。古代的圣明皇帝,唯恐有过错而自己不知道,因此专门设置诽谤木、敢谏鼓,让人公开提出批评,怎么会害怕百姓知道自己的过错呢?所以仲虺称赞商朝汤王说:"不吝惜改正错误。"傅说告诫高宗说:"不要文过饰非。"由此看来,作为人君的人,固然不能认为没有过错就是圣贤,而应以改正过错为美德。如今,叔孙通在进言汉孝惠皇帝时就说"人君不会有过错的举动",这是教导皇上掩盖过错,将错就错;这种说法难道不荒谬吗?

# 卫、霍击匈奴

【原文】

元朔五年,匈奴右贤王数侵扰朔方。天子令车骑将军青将三万骑出高阙,卫尉苏建为游击将军,左内史李沮为强弩将军,太仆公孙贺为骑将军,代相李蔡为轻车将军,皆领属车骑将军,俱出朔方;大行李息、岸头侯张次公为将军,俱出右北平;凡①十余万人,击匈奴。右贤王以为汉兵远,不能至,饮酒,醉。卫青等兵出塞六七百里,夜至,围右贤王。右贤王惊,夜逃,独与壮骑数百②驰,溃围北去。得右贤裨王十余人,众男女万五千余人,畜数十百万,于是引兵而还。

【注释】

①凡:总共,共。
②壮骑数百:数百名精壮的骑兵。

【译文】

元朔五年(前124),匈奴右贤王多次侵扰北方。武帝令车骑将军卫青率领三万骑兵从高阙出击,卫尉苏建为游击将军,左内史李沮为强弩将军,太仆公孙贺为骑将军,代国丞相李蔡为轻车将军,都归车骑将军卫青统领,全部从朔方出击;大行李息、岸头侯张次公为将军,都从右北平出击;一共十多万人前往攻击匈奴。匈奴右贤王以为汉军距离遥远,不能到此,饮酒大醉。卫青等人率兵出边塞六七百里,乘夜到达,将右贤王包围起来。右贤王大惊,急忙乘夜率数百名精壮骑兵冲出包围,向北方逃走。汉军俘虏了右贤王的裨将十多人,男女部众一万五千余人,牲畜近百万头,于是班师而归。

## 【原文】

　　至塞,天子使使者持大将军印,即军中拜卫青为大将军,诸将皆属焉。夏,四月,乙未,复益封青八千七百户,封青三子伉、不疑、登皆为列侯。青固谢曰:"臣幸得待罪行间,赖陛下神灵,军大捷,皆诸校尉力战之功也。陛下幸已益封臣青;臣青子在襁褓中,未有勤劳①,上列地封为三侯,非臣待罪行间所以劝士力战之意也。"天子曰:"我非忘诸校尉功也。"乃封护军都尉公孙敖为合骑侯,都尉韩说为龙额侯,公孙贺为南窌侯,李蔡为乐安侯,校尉李朔为涉轵侯,赵不虞为随成侯,公孙戎奴为从平侯,李沮、李息及校尉豆如意皆赐爵关内侯。

## 【注释】

①勤劳:功劳。

## 【译文】

　　到了边塞,武帝派使臣拿着大将军的印信,在军营中任命卫青为大将军,所有将领都归他统属。夏季,四月初八,又加封卫青食邑八千七百户,封卫青的三个儿子卫伉、卫不疑、卫登为列侯。卫青再三辞谢说:"臣有幸能在军中为将,仰赖陛下的神灵,获得大胜,全都是各位校尉竭力奋战的功劳。陛下已增加了臣的封邑;臣的儿子还在哺育之中,没有功劳,陛下却要划出土地封他们三人为侯,这就不是臣效力军中,鼓励士卒竭力作战的本意了。"武帝说:"我并没有忘记各位校尉的功劳。"于是封护军都尉公孙敖为合骑侯,都尉韩说为龙頟侯,公孙贺为南窌侯,李蔡为乐安侯,校尉李朔为涉轵侯,赵不虞为随成侯,公孙戎奴为从平侯,李沮、李息和校尉豆如意都被赐封关内侯。

## 【原文】

于是青尊宠,于群臣无二,公卿以下皆卑奉之,独汲黯与亢礼①。人或说黯曰:"自天子欲群臣下大将军,大将军尊重,君不可以不拜。"黯曰:"夫以大将军有揖客,反不重邪!"大将军闻,愈贤黯,数请问国家朝廷所疑,遇黯加于平日。大将军青虽贵,有时侍中,上踞厕而视之;丞相弘燕见,上或时不冠;至如汲黯见,上不冠不见也。上尝坐武帐中,黯前奏事,上不冠,望见黯,避帐中,使人可其奏。其见敬礼如此……

## 【注释】

①亢礼:彼此以平等礼节相对待。

## 【译文】

卫青所受的尊宠,在群臣中独一无二,公卿以下的官员对卫青无不奉承巴结,唯独汲黯仍用平等礼节对待卫青。有人劝汲黯说:"天子想让群臣都居于大将军之下,大将军地位尊贵,你不可以不向他下拜。"汲黯说:"有了这些行揖礼的宾客,反而会令大将军的声望有所消减!"卫青听后,更加觉得汲黯贤明,多次向他请教国家疑难大事,对待汲黯比平日更为尊重。卫青地位虽然很尊贵,但有时入宫觐见皇上,武帝就坐在床边接见他;丞相公孙弘谒见时,武帝也时常不戴帽子;至于汲黯觐见,武帝不戴帽子就不见。一次武帝坐在武帐中,汲黯进去奏事,武帝没戴帽子,看见汲黯前来,急忙躲入帐中,派人传话,批准所奏之事。可见汲黯被尊敬礼遇的程度……

**【原文】**

元朔六年夏,四月,卫青复将六将军出定襄,击匈奴,斩首虏万余人。右将军建、前将军信并军三千余骑独逢单于兵,与战一日余,汉兵且尽。信故胡小王,降汉,汉封为翕侯,及败,匈奴诱之,遂将其余骑可八百降匈奴。建尽亡其军,脱身亡,自归大将军。

**【译文】**

元朔六年(前123)夏,四月,卫青又率领公孙敖等六位将军从定襄出兵,攻击匈奴,斩杀俘虏匈奴一万多人。右将军苏建、前将军赵信率三千多骑兵与匈奴单于的军队单独会战,大战了一天多,汉军伤亡殆尽。赵信原是匈奴的一个小王,投降汉朝后被封为翕侯,现在他战败了,匈奴引诱他投降,他就率领剩下的约八百骑兵投降了。苏建的军队全都阵亡,他独自一人逃回大将军军营。

**【原文】**

议郎周霸曰:"自大将军出,未尝斩裨将①。今建弃军,可斩,以明将军之威。"军正闳、长史安曰:"不然。《兵法》:'小敌之坚,大敌之禽也。'今建以数千当单于数万,力战一日馀,士尽,不敢有二心,自归,而斩之,是示后无反意也,不当斩。"大将军曰:"青幸得以肺腑待罪行间,不患无威,而霸说我以明威,甚失臣意。且使臣职虽当斩将,以臣之尊宠而不敢自擅诛于境外,而具归天子,天子自裁之,于以见为人臣不敢专权,不亦可乎?"军吏皆曰:"善!"遂囚建诣行在所。

**【注释】**

①裨将:副将。裨,副贰,辅助。

【译文】

议郎周霸说:"自大将军出兵以来,还未处斩过一位副将。现在苏建弃军逃回,可以处死,以显示将军的威严。"军正闳、长史安说:"不对。《兵法》说:'小部队的战斗力再强,仍然会被大部队所擒。'现在苏建以数千骑兵抵挡单于数万军队,奋战一天多,将士死光了,不敢有二心,独自回来,如果把他杀了,就等于是表示以后战败就不必回来了,所以不当杀苏建。"卫青说:"我有幸以皇上近亲身份统帅大军,不担心没有威严,而周霸让我杀苏建以显示威严,是非常不符合为人臣的心意的。况且即使我有权斩杀部将,但作为大臣,又深受皇上的宠信,不敢擅自诛杀大将于国境之外,应把苏建送至皇上,由皇上亲自裁决,以此表示身为臣子不敢专权行事,这样做不是很好吗?"军吏们都说:"好!"于是就把苏建押往武帝所在的地方。

【原文】

初,平阳县吏霍仲孺给事平阳侯家,与青姊卫少儿私通,生霍去病。去病年十八,为侍中,善骑射,再从大将军击匈奴,为票姚校尉,与轻骑勇八百,直弃大军数百里赴利①,斩捕首虏过当。于是天子曰:"票姚校尉去病,斩首虏二千余级,得相国、当户,斩单于大父行藉若侯产,生捕季父罗姑,比再冠军,封去病为冠军侯。上谷太守郝贤四从大将军,捕斩首虏二千余级,封贤为众利侯。"

【注释】

①赴利:赴,为某事奔走或投身某种事业。这里指霍去病率八百轻骑离开大军寻找战机。

【译文】

当初,平阳县吏霍仲孺在平阳侯曹寿家做事,与卫青的姐姐卫少儿私通,生下霍去病。霍去病十八岁时,做了侍中,擅长骑马射箭,在第二次随卫青攻击匈奴时,被封为票姚校尉,率领轻骑八百,离开大军数百里以寻找战机,斩杀俘虏匈奴人数远远超过汉军的损失。于是武帝说:"票姚校尉霍去病,斩杀及俘虏匈奴二千余人,擒拿匈奴重要官员相国、当户,斩杀匈奴单于祖父辈藉若侯产,活捉单于叔父罗姑,功劳再度冠于全军,封霍去病为冠军侯。上谷太守郝贤四次跟从大将军卫青,活捉、斩杀匈奴二千多人,封郝贤为众利侯。"

## 张骞出使西域

**【原文】**

初,匈奴降者言:"月氏故居敦煌、祁连间,为强国,匈奴冒顿攻破之。老上单于杀月氏王,以其头为饮器。余众遁逃远去,怨匈奴,无与共击之。"上募能通使月氏者。汉中张骞以郎应募,出陇西,径匈奴中;单于得之,留骞十余岁。骞得间亡,乡月氏西走,数十日,至大宛。大宛闻汉之饶财,欲通不得,见骞,喜,为发导译抵康居,传致大月氏。大月氏太子为王,既击大夏,分其地而居之,地肥饶,少寇,殊无报胡之心。骞留岁余,竟不能得月氏要领,乃还;并南山,欲从羌中归,复为匈奴所得,留岁余。会伊稚斜逐於单,匈奴国内乱,骞乃与堂邑氏奴甘父逃归。上拜骞为太中大夫,甘父为奉使君。骞初行时百余人,去十三岁,唯二人得还……

**【译文】**

当初,投降汉朝的匈奴人说:"月氏原来住在敦煌和祁连山之间,是个强国,匈奴冒顿攻破了月氏。老上单于(挛鞮氏,冒顿单于之子)杀了月氏国王,把他的头骨做成了饮酒器具。其他的月氏部众都逃到了远方,怨恨匈奴,最好的计策莫过于联合月氏共同进攻匈奴。"武帝就招募能出使月氏的人。汉中人张骞以郎官身份应募,他从陇西出发,直接前往匈奴；匈奴单于捉到他，把他留在匈奴十多年。张骞得到机会逃走，向西面的月氏走去，几十天后，来到大宛国。大宛国听说汉朝的物产富饶，一直很希望但无法与汉通使，看到张骞后，十分高兴，就为他准备向导和译员引他抵达康居国，辗转到大月氏。大月氏太子做了国王，进攻大夏国，分割了大夏国的土地而居住下来，这里土地肥沃富饶，很少有外敌入侵，所以他们已无向匈奴复仇的打算了。张骞留在月氏一年多，到最后也摸不清月氏人的态度，只好返回；张骞沿着南山走，想从羌人居地回国，却又被匈奴人抓到了，扣留了一年多。适逢伊稚斜驱逐於单，匈奴国内混乱，张骞就与堂邑氏的奴仆甘父一同逃回。武帝封张骞为太中大夫，甘父为奉使君。张骞当初启程时有一百多人同行，阔别十三年，只有他们二人得以回来……

**【原文】**

元鼎二年，浑邪王既降汉，汉兵击逐匈奴于幕①北，自盐泽以东空无匈奴，西域道可通。于是张骞建言："乌孙王昆莫本为匈奴臣，后兵稍强，不肯复朝事匈奴，匈奴攻不胜而远之。今单于新困于汉，而故浑邪地空无人，蛮夷俗恋故地，又贪汉财物，今诚以此时厚币赂乌孙，招以益东，居故浑邪之地，与汉结昆弟，其势宜听，听则是断匈奴右臂也。既连乌孙，自其西大夏之属皆可招来而为外臣。"天子以为然，拜骞为中郎将，将三百人，马各二匹，牛羊以万数，赍金币帛直数千巨万；多持节副使，道可便，遣之他旁国。

**【注释】**

①幕：通"漠"，沙漠。

**【译文】**

元鼎二年（前115），浑邪王归降汉朝后，汉兵把匈奴驱逐到大沙漠以北,自盐泽以东广大地区没有匈奴出现,往西域的道路可以通行。于是张骞建议说:"乌孙王昆莫原是匈奴的藩属,后来兵力渐强,不肯再朝拜顺奉匈奴,匈奴攻打他不能取胜,只好舍他而去。现在匈奴单于刚被我们打败,而以前浑邪王辖地又空无一人,蛮夷的习俗是眷恋故地,又贪爱汉朝的财物,如果现在我们用丰厚的财物拉拢乌孙,招他们东迁到浑邪王过去的辖地居住,与汉朝结为兄弟之国,势必可使他们听从我们的调遣,这就等于折断了匈奴的右臂一样。联结乌孙后,其西边的大夏等国也都能招来成为汉朝的藩属。"武帝认为有理,就封张骞为中郎将,率领三百人,每人各带两匹马,牛羊以万计,以及价值几千万的黄金、绸缎;加上多名手持天子符节的副使,若沿途有方便的道路,就派副使前往其他国家。

【原文】

骞既至乌孙,昆莫见骞,礼节甚倨①。骞谕指曰:"乌孙能东居故地,则汉遣公主为夫人,结为兄弟,共距匈奴,匈奴不足破也。"乌孙自以远汉,未知其大小;素服属匈奴日久,且又近之,其大臣皆畏匈奴,不欲移徙。骞留久之,不能得其要领②,因分遣副使使大宛、康居、大月氏、大夏、安息、身毒、于阗及诸旁国。乌孙发译道送骞还,使数十人,马数十匹,随骞报谢,因令窥汉大小。是岁,骞还,到,拜为大行。后岁余,骞所遣使通大夏之属者皆颇与其人俱来,于是西域始通于汉矣。

【注释】

①倨:态度傲慢。
②不能得其要领:这里指没有得到确切的答复。

【译文】

张骞到了乌孙,乌孙王昆莫接见他,礼节非常傲慢。张骞以汉廷的意旨晓谕他们说:"乌孙如能东迁故地,那么汉朝就把公主许配给大王做夫人,结成兄弟,共同抗拒匈奴,那匈奴就不堪一击了。"但乌孙王认为离汉朝太远,不知汉朝疆土大小;而且长期以来一直臣服于匈奴,又靠近匈奴,朝中大臣都畏惧匈奴,不愿东迁。张骞在乌孙留了很久,没有得到确切的答复,便遣副使分头出使大宛、康居、大月氏、大夏、安息、身毒、于阗和附近各国。乌孙派出翻译和向导送张骞回国,又派数十人,数十匹马,随张骞回报答谢汉朝,令他们顺便窥视汉朝的大小。这年,张骞返回长安,武帝封他为大行。一年多后,张骞派往大夏等国的副使大都与该国使臣一同回来,于是西域各国开始与汉朝来往、交流。

# 苏武牧羊

【原文】

　　武帝天汉元年,上嘉匈奴单于之义,遣中郎将苏武送匈奴使留在汉者,因厚赂单于,答其善意。武与副中郎将张胜及假吏①常惠等俱②。既至匈奴,置币遗单于。单于益骄,非汉所望也。

【注释】

①假吏:临时代理或兼任某种职务的官吏。
②俱:一同前往。

【译文】

　　汉武帝天汉元年(前100),武帝为嘉奖匈奴单于懂得道义,派中郎将苏武将扣留在汉朝的使者送回匈奴,顺便送给单于丰厚的礼品,以答谢单于的好意。苏武与副中郎将张胜及兼任使团官员的常惠等人一同出发。来到匈奴后,把礼物送给了单于。想不到单于却由此更加骄横,与汉朝的初衷完全相悖。

【原文】

　　会缑王与长水虞常等及卫律所将降者,阴相与谋劫单于母阏氏归汉。卫律者,父故长水胡人,律善协律都尉李延年,延年荐言律使于匈奴,使还,闻延年家收,遂亡降匈奴。单于爱之,与谋国事,立为丁灵王。虞常在汉时素与副张胜相知,私候胜曰:"闻汉天子甚怨卫律,常能为汉伏弩射杀之。吾母、弟在汉,幸蒙其赏赐。"张胜许之,以货物与常。后月余,单于出猎,独阏氏、子弟在,虞常等七十余人欲发,其一人夜亡告之。单于子弟发兵与战,缑王等皆死,虞常生得。

## 【译文】

这时正逢曾经归降汉朝的匈奴缑王和长水人虞常,以及随卫律一起投降匈奴的原汉朝人暗中谋划,企图劫持匈奴单于的母亲阏氏归顺汉朝。卫律的父亲是长水地方的匈奴人,卫律因为和协律都尉李延年很要好,李延年就推荐卫律出使匈奴,卫律出使回来,听说李延年一家被收监入狱,就逃亡到匈奴。单于十分喜欢他,与他商量国家大事,封为丁灵王。虞常在汉朝时一直与副使张胜有交往,便暗中拜访张胜,说:"听说武帝非常痛恨卫律,我能埋伏弓箭手将他射死。我的母亲和弟弟在汉朝,希望事成后他们能得到汉朝赏赐。"张胜答应了他,并送给虞常许多礼物。一个多月后,单于外出打猎,只有他母亲阏氏和一些子弟留守,虞常等七十多人准备发难,其中有一人夜间逃到匈奴宫中告发了这件事。单于的子弟就调兵同虞常等人交战,缑王等人都战死,虞常被俘。

## 【原文】

单于使卫律治其事。张胜闻之,恐前语发,以状语武。武曰:"事如此,此必及我,见犯乃死,重负国。"欲自杀。胜、惠共止之。虞常果引①张胜。单于怒,召诸贵人议,欲杀汉使者。左伊秩訾曰:"即谋单于,何以复加!宜皆降之。"单于使卫律召武受辞。武谓惠等:"屈节辱命,虽生,何面目以归汉!"引佩刀自刺。卫律惊,自抱持武,驰召医,凿地为坎,置煴火,覆武其上,蹈其背以出血。武气绝,半日复息。惠等哭,舆归营。单于壮其节,朝夕遣人候问武,而收系<sup>②</sup>张胜。

## 【注释】

①引:揭发,检举,供出。
②收系:拘禁,抓捕。

## 【译文】

单于派卫律审问此事。张胜听到这消息,担心先前与虞常的谈话被查出,就把事情向苏武报告。苏武说:"事情已到这种地步,肯定会涉及我,如等受到凌辱再死,会更加辜负国家的重托。"便想自杀,张胜和常惠一起阻止他。虞常果然供出张胜,单于大怒,召集贵族们商议,想杀掉汉使。左伊秩訾说:"如果有人要谋害单于的话,又将如何去加重他们的罪刑呢!应该让他们投降。"单于派卫律召苏武前来受审。苏武对常惠等人说:"如果卑躬屈节,辱没使命,即使活着,又有什么脸面回到汉朝呢!"说完便拔刀自杀。卫律大惊,亲自抱住了苏武,急忙叫医生来,在地面上挖个坑,点起炭火,将苏武放在坑沿上,按揉他的背部,使瘀血流出。苏武昏了过去,过了好半天才苏醒。常惠等人痛哭,用轿子将苏武抬回营帐。单于钦佩苏武的气节,早晚派人问候苏武,而将张胜逮捕。

## 【原文】

武益愈,单于使使晓武,欲降之,会论虞常,欲因此时降武;剑斩虞常已,律曰:"汉使张胜谋杀单于近臣,当死,单于募降者赦罪。"举剑欲击之,胜请降。律谓武曰:"副有罪,当相坐。"武曰:"本无谋,又非亲属,何谓相坐!"复举剑拟之,武不动。律曰:"苏君!律前负汉归匈奴,幸蒙大恩赐号称王,拥众数万,马畜弥山,富贵如此！苏君今日降，明日复然；空以身膏草野，谁复知之！"武不应。律曰："君因我降，与君为兄弟；今不听吾计，后虽欲复见我，尚可得乎！"武骂律曰："汝为人臣子，不顾恩义，畔<sup>①</sup>主背亲，为降虏于蛮夷，何以汝为见！且单于信汝，使决人死生，不平心持正，反欲斗两主，观祸败。南越杀汉使者，屠为九郡；宛王杀汉使者，头悬北阙；朝鲜杀汉使者，即时诛灭；独匈奴未耳。若知我不降明，欲令两国相攻，匈奴之祸从我始矣。"律知武终不可胁，白单于，单于愈益欲降之。乃幽武置大窖中，绝不饮食；天雨雪，武卧，啮雪与旃毛并咽之，数日不死。匈奴以为神，乃徙武北海上无人处，使牧羝，曰："羝乳乃得归。"别其官属常惠等，各置他所。

**【注释】**

①畔：通"叛"，背叛，违背。

**【译文】**

苏武伤势一天天好起来，单于派人劝说苏武，希望他归降，此时，虞常被定罪，为了借此逼苏武投降；他们用剑斩杀虞常后，卫律说："汉使张胜谋杀单于的亲信大臣，其罪当死，单于说现在归降可以宽赦。"说完举剑要杀张胜，张胜乞求投降。卫律又对苏武说："副使有罪，你也应连坐受罚。"苏武说："我本来就未参与此事，与张胜又不是亲属，为什么连坐受罚！"卫律又举剑威胁，苏武纹丝不动。卫律说："苏君！我过去背叛汉朝，投降匈奴，有幸蒙单于大恩，赐我为王，拥有数万民众，牛马满山，富贵到了这样的地步！苏君今日投降，明日也会如此；否则只是白白横尸荒野，有谁知道呢！"苏武不理他。卫律又说："你依我的话投降，我愿与你结为兄弟；如今不听我言，以后想再见我，只怕是不可能了！"苏武大骂卫律道："你身为汉朝臣子，却不顾恩义，背叛君主和亲人，投降蛮夷异族,我见你做什么！况且单于信任你,让你裁决别人的生死,你不但不公平处理,反而想挑起两国君主互相争斗,以观成败。南越国杀死汉使,被汉屠灭变为九郡;大宛王杀死汉使,其人头被悬于长安北门;朝鲜杀死汉使,立即被消灭;只有匈奴还没有干过这种事。你明知我是不会投降的,而是想要让两国互相攻杀,匈奴的灾祸会从我这里开始的。"卫律知道苏武是无法胁迫的,便报告了单于,单于却更加想争取他归顺。于是将苏武囚禁在一个大地窖中,断绝饮食;当时天正下大雪,苏武躺在地上,靠吞食雪花和毡毛求生,过了几天还没有死。匈奴认为他有神助,就将苏武放逐到北海荒无人烟之处,要他放牧公羊,说:"等到公羊有乳汁了才可回国。"常惠等人也被分别拘禁在不同的地方。

# 昆阳之战

## 【原文】

更始元年,三月,王凤与太常偏将军刘秀等徇昆阳、定陵、郾,皆下之。王莽闻严尤、陈茂败,乃遣司空王邑驰传①,与司徒王寻发兵平定山东。征诸明兵法六十三家以备军吏,以长人巨毋霸为垒尉,又驱诸猛兽虎、豹、犀、象之属以助威武。邑至洛阳,州郡各选精兵,牧守自将,定会者四十二万人,号百万;余在道者,旌旗、辎重,千里不绝。夏,五月,寻、邑南出颍川,与严尤、陈茂合。

## 【注释】

①驰传:乘驿车快速赶去。

## 【译文】

更始元年(23),三月,王凤与太常偏将军刘秀等人率领汉军进攻昆阳、定陵、郾城等三县,都予攻克。王莽听说严尤、陈茂战败,就派司空王邑乘驿站的车快速赶去,和司徒王寻发兵平定崤山以东地区。征集懂得兵法的人共六十三家以充军吏,用长人巨毋霸为垒尉,又驱使各种猛兽虎、豹、犀牛、大象之类来助军威。王邑到了洛阳,各州郡分头选派精兵,由州牧、郡守自己率领,按约定时间会合的有四十二万人,号称百万;其余还在道路上的,旌旗、辎重,络绎千里不绝。这年夏天五月,王寻、王邑等向南进发到颍川,和严尤、陈茂会合。

## 【原文】

诸将见寻、邑兵盛,皆反走,入昆阳,惶怖,忧念妻孥,欲散归诸城。刘秀曰:"今兵谷既少而外寇强大,并力御之,功庶可立;如欲分散,势无俱全。且宛城未拔①,不能相救;昆阳即拔,一日之间,诸部亦灭矣。今不同心胆,共举功名,反欲守妻子财物邪?"诸将怒曰:"刘将军何敢如是!"秀笑而起。会候骑还,言:"大兵且至城北,军陈数百里,不见其后。"诸将素轻秀,及迫急,乃相谓曰:"更请刘将军计之。"秀复为图画成败,诸将皆曰:"诺。"时城中唯有八九千人,秀使王凤与廷尉大将军王常守昆阳,夜与五威将军李轶等十三骑出城南门,于外收兵。

## 【注释】

①拔:攻克,攻取。未拔,尚未攻取。

## 【译文】

各部将领们看到王寻、王邑兵势浩大,都回身退走,进入昆阳,惶恐不安,挂念妻子儿女,想分兵散归各城。刘秀说:"如今兵粮既少,而城外的敌人又强大,合力抵御,还可能成功;如果分散,势必无法保全。况且宛城尚未拿下,不能前来救援;昆阳如被攻下,只要一天的时间,各路军队也就会被消灭。现在不同心协力,共成功名,反而还去想守住妻子儿女财物吗?"将领们发怒说:"刘将军怎敢这样!"刘秀笑着站起身。当时正好侦察的骑兵回来,说:"大兵即将到达城北,军阵长达数百里,不见尽头。"将领们一向看不起刘秀,等到形势急迫,才互相说:"再去请刘将军来商量!"刘秀再给大家分析战况、规划成败,将领们都说:"是。"当时城中只有八九千人,刘秀让王凤和廷尉大将军王常守昆阳,自己和五威将军李轶等十三骑趁夜里出昆阳城南门,到外边去征调救兵。

## 【原文】

时莽兵到城下者且十万,秀等几不得出。寻、邑纵兵围昆阳,严尤说邑曰:"昆阳城小而坚,今假号者在宛,亟进大兵,彼必奔走。宛败,昆阳自服。"邑曰:"吾昔围翟义,坐不生得以见责让。今将百万之众,遇城而不能下,非所以示威也。当先屠此城,蹀血而进,前歌后舞,顾不快邪!"遂围之数十重,列营百数,钲鼓之声闻数十里,或为地道、冲輣撞城;积弩乱发,矢下如雨,城中负户而汲。王凤等乞降,不许。寻、邑自以为功在漏刻,不以军事为忧。严尤曰:"《兵法》:'围城为之阙。'宜使得逸出以怖宛下。"邑又不听。

## 【译文】

当时王莽大军到达城下的兵士已将近十万,刘秀等人差一点出不去。王寻、王邑指挥兵马包围昆阳,严尤劝说王邑道:"昆阳城小而坚固,现在假称帝的人在宛城,赶快把大军开过去,这伙人一定逃走。宛城那边溃败了,昆阳自然就会降服。"王邑说:"我前次围攻翟义,因为没有当场把他生擒而受到谴责。如今统率百万大军,碰上城池不能攻克,不能显示军威。该先屠此城,踏血前进,前歌后舞,岂不痛快!"于是就把昆阳城包围上几十重,布列营垒数以百计,钲鼓的声音传出数十里,有的地段挖掘地道,用车撞城;弓弩乱发,箭如雨下,城中的人只能背着门板去打水。王凤等人乞求投降,也不允许。王寻、王邑等自以为顷刻之间便可成功,不再为军事操心。严尤说:"《兵法》上说,围城要留有缺口。应该让他们能够逃出去,让宛城的敌人感到恐惧。"王邑又不听从。

## 【原文】

棘阳守长岑彭与前队贰严说共守宛城,汉兵攻之数月,城中人相食,乃举城降。更始入都之。诸将欲杀彭,刘縯曰:"彭,郡之大吏,执心坚守,是其节也。今举大事,当表义士,不如封之。"更始乃封彭为归德侯。

## 【译文】

棘阳守长岑彭和前队副将严说共守宛城,汉军围攻了几个月,城里因缺食物而出现人吃人的情况,于是举城投降。刘玄进入宛城,把宛城作为都城。将领们都想杀岑彭,刘縯说:"岑彭是一郡的长官,坚守城垣,是他应尽的节操。我们如今兴起大事,应当表扬义士,不如分封他官爵。"刘玄就封岑彭为归德侯。

## 【原文】

刘秀至郾、定陵,悉发诸营兵。诸将贪惜财物,欲分兵守之。秀曰:"今若破敌,珍宝万倍,大功可成;如为所败,首领无余,何财物之有!"乃悉发之。六月,己卯朔,秀与诸营俱进,自将步骑千余为前锋,去大军四五里而陈;寻、邑亦遣兵数千合战,秀奔之,斩首数十级。诸将喜曰:"刘将军平生见小敌怯,今见大敌勇,甚可怪也!且复居前,请助将军!"秀复进,寻、邑兵却,诸部共乘之,斩首数百千级。连胜,遂前,诸将胆气益壮,无不一当百,秀乃与敢死者三千人从城西水上冲其中坚。寻、邑易之,自将万余人行陈,敕诸营皆按部毋得动,独迎与汉兵战,不利,大军不敢擅相救。寻、邑陈乱,汉兵乘锐崩之,遂杀王寻。城中亦鼓噪而出,中外合势,震呼动天地。莽兵大溃,走者相腾践,伏尸百余里。会大雷、风,屋瓦皆飞,雨下如注,滍川盛溢,虎豹皆股战,士卒赴水溺死者以万数,水为不流。王邑、严尤、陈茂轻骑乘死人度水逃去,尽获其军实辎重,不可胜算,举之连月不尽,或燔烧其余。士卒奔走,各还其郡,王邑独与所将长安勇敢数千人还洛阳,关中闻之震恐。于是海内豪桀翕然响应,皆杀其牧守,自称将军,用汉年号以待诏命。旬月之间,遍于天下。

**【译文】**

刘秀一到郾城、定陵,就把各路军营里的兵马全部调出来。将领们贪恋财物,想要留些士兵看守。刘秀说:"现在如能打败敌军,珍宝比这里多上万倍,大功也可告成;如果被打败,连脑袋都留不住,还能留住什么财物!"于是就把军队全部调出来。六月初一,刘秀和诸营兵马一齐进发,他亲自率领了一千多步兵、骑兵充当前锋,在离敌军四五里处摆下了阵势;王寻、王邑也派几千兵马来交战,刘秀带兵冲杀过去,斩杀了好几十个敌人。将领们高兴地说:"刘将军平时见到小敌胆怯,今天见到大敌反而勇敢,真令人惊奇!请将军再作前锋,我们协助将军!"刘秀又前进,王寻、王邑的军队后退,各路兵马一起杀上去,斩杀千百余人首级。接连获胜,于是乘势前进,将领们的胆子更大了,无不以一当百,刘秀便和三千敢死队员从城西水边冲击敌阵的主将营垒。王寻、王邑轻敌,亲自率领一万余人在阵前巡视,指示各营按部驻扎不得妄动,各部单独迎战汉军,战绩不利,大军又不敢擅自相互救援。王寻、王邑的军阵混乱,汉军乘着锐气击溃他们,就此杀死了王寻。城里也擂起鼓,呼喊着冲出,内外呼应,杀声震动天地。王莽军彻底溃败,逃命的互相践踏,长达百余里的路上躺满尸体。正好遇上气候剧变,巨雷响起,狂风大作,屋上的瓦片都被刮飞,暴雨倾盆而下,滍川的水涨溢出来,虎、豹都害怕得腿发抖,士卒跳到水里被淹死的,数以万计,使得水道堵塞不通。王邑、严尤、陈茂装备轻便,骑马从死人尸体上渡水逃走,刘秀大军把王莽军的随军物资统统缴获,多得无法清点,连月搬运都运不完,余下的就只好烧掉。王莽军溃散的士卒,四处逃散,各自回到自己的郡邑,只有王邑和他率领的长安勇士数千人返回洛阳,关中听到这个消息,大为震惊。于是海内豪杰一起响应,都杀死当地的州牧、郡守,自称将军,改用汉朝的年号以等待诏命。不到一个月的时间,遍及全国。

# 第一次"党锢之祸"

【原文】

汉桓帝延熹九年,太学诸生三万余人,郭泰及颍川贾彪为其冠,与李膺、陈蕃、王畅更相褒重。学中语曰:"天下模楷,李元礼;不畏强御,陈仲举;天下俊秀,王叔茂。"于是中外承风,竞以臧否相尚,自公卿以下,莫不畏其贬议,屣履到门。宛有富贾张汎者,与后宫有亲,又善雕镂玩好之物,颇以赂遗中官,以此得显位,用势纵横。岑晊与贼曹史张牧劝成瑨收捕汎等;既而遇赦,瑨竟诛之,并收其宗族宾客,杀二百余人,后乃奏闻。小黄门晋阳赵津,贪横放恣,为一县巨患。太原太守平原刘瓆使郡吏王允讨捕,亦于赦后杀人。于是中常侍侯览使张汎妻上书讼冤,宦官因缘谮诉瑨、瓆。帝大怒,征瑨、瓆,皆下狱。有司承旨,奏瑨、瓆罪当弃市……

【译文】

汉桓帝延熹九年(166),太学里有三万多学生,郭泰和颍川人贾彪是他们的领袖,与李膺、陈蕃、王畅互相赞赏推崇。太学中有歌谣说:"天下模楷,李元礼,不畏强御,陈仲举,天下俊秀,王叔茂。"于是京师内外形成风气,竞相崇尚褒贬善恶,自公卿以下,没人不怕他们的贬议,接踵登门。宛县有个富商张汎,与后宫的人有亲戚关系,又擅长雕镂玩物,常拿来送给宦官作为贿赂,因此得做高官,仗势横行。岑晊与贼曹史张牧劝成瑨拘捕张汜等人;后来遇到赦免,成瑨竟然杀了张汜,并且捉拿他的宗族与宾客,杀了二百多人,事后才奏报朝廷。小黄门晋阳人赵津,贪婪放纵,恣意横行,是全县的大害。太原太守平原人刘瓆派郡吏王允去逮捕他,也是在大赦后杀了他。于是中常侍侯览指使张汜的妻子上书讼冤,宦官们乘机告发成瑨、刘瓆。皇帝大怒,召来成瑨、刘瓆,都送进监狱。有关部门按照朝廷的意思,奏告成瑨、刘瓆罪该处死暴市……

## 【原文】

河内张成,善风角,推占当赦,教子杀人。司隶李膺督促收捕,既而逢宥获免;膺愈怀愤疾,竟案杀之。成素以方伎交通宦官,帝亦颇讯其占。宦官教成弟子牢修上书,告"膺等养太学游士,交结诸郡生徒,更相驱驰,共为部党,诽讪朝廷,疑乱风俗"。于是天子震怒,班下郡国,逮捕党人,布告天下,使同忿疾。案经三府,太尉陈蕃却之曰:"今所案者,皆海内人誉,忧国忠公之臣,此等犹将十世宥也,岂有罪名不章而致收掠者乎!"不肯平署。帝愈怒,遂下膺等于黄门北寺狱,其辞所连及,太仆颍川杜密、御史中丞陈翔及陈寔、范滂之徒二百余人。或逃遁不获,皆悬金购募,使者四出相望。陈寔曰:"吾不就狱,众无所恃。"乃自往请囚。范滂至狱,狱吏谓曰:"凡坐系者,皆祭皋陶。"滂曰:"皋陶,古之直臣,知滂无罪,将理之于帝,如其有罪,祭之何益!"众人由此亦止。陈蕃复上书极谏,帝讳其言切,托以蕃辟召非其人,策免之。

## 【译文】

河内人张成擅长风角术,预测朝廷会颁布赦令,于是教儿子杀人。

司隶校尉李膺督促手下逮捕了张成父子,不久遇赦获免;李膺愤恨至极,竟然把张成父子杀了。张成向来以占卜术勾结宦官,皇帝也时常叫张成占卜。宦官怂恿张成的弟子牢修上书,告发"李膺等人蓄养太学生和游士,交结各郡的生员,互相捧扶,结成群党,诽谤朝廷,败坏风俗"。皇帝因而大怒,下诏各郡国,逮捕党人,公布于天下,使人们都愤恨他们。公文过三府,太尉陈蕃拒绝签署,说:"这次所要逮捕的人,都是海内有声誉、忧国的忠臣,即便他们的十世孙有罪,也应该宽赦,怎么能够没查清罪名就收捕拷打!"不肯签署文案。皇帝更加发怒,于是将李膺等人关进了黄门北寺狱,案子连及太仆颍川人杜密、御史中丞陈翔以及陈寔、范滂等二百多人。有的逃匿搜捕不到,就悬赏捉拿,派出使者四处搜寻。陈寔说:"我不下狱,众人就会无所依恃。"于是自己请求入狱。范滂到了狱中,管监狱的官吏说:"凡是坐牢的,都要先祭皋陶。"范滂说:"皋陶是古代的耿直之臣,要是知道我无罪,就会在天帝面前为我诉理,如果我犯了罪,祭祀他又有什么用处!"众人因此都不祭祀皋陶。陈蕃又上书极力规劝,皇帝避忌他言辞激切,就借口说陈蕃推荐的人不称职,下诏免了他的官。

# 第二次"党锢之祸"

**【原文】**

　　灵帝建宁二年。初,李膺等虽废锢,天下士大夫皆高尚其道而污秽朝廷,希之者唯恐不及,更共相标榜,为之称号:以窦武、陈蕃、刘淑为三君,君者,言一世之所宗也;李膺、荀翌、杜密、王畅、刘祐、魏朗、赵典、朱㝢为八俊,俊者,言人之英也;郭泰、范滂、尹勋、巴肃及南阳宗慈、陈留夏馥、汝南蔡衍、泰山羊陟为八顾,顾者,言能以德行引人者也;张俭、翟超、岑晊、苑康及山阳刘表、汝南陈翔、鲁国孔昱、山阳檀敷为八及,及者,言其能导人追宗者也;度尚及东平张邈、王孝、东郡刘儒、泰山胡母班、陈留秦周、鲁国蕃向、东莱王章为八厨,厨者,言能以财救人者也。及陈、窦用事,复举拔膺等;陈、窦诛,膺等复废。

**【译文】**

　　汉灵帝建宁二年(169)。当初,李膺等人虽然被废黜禁锢,但天下士大夫都推崇他的行为,蔑视朝廷,推崇李膺的人,唯恐不被接纳,就互相标榜,为他们取雅号:称窦武、陈蕃、刘淑为"三君","君"的意思是一代宗师;称李膺、荀翌、杜密、王畅、刘祐、魏朗、赵典、朱㝢为"八俊","俊"的意思是人中英杰;称郭泰、范滂、尹勋、巴肃以及南阳人宗慈、陈留人夏馥、汝南人蔡衍、泰山人羊陟为"八顾","顾"的意思是以德行引导别人；称张俭、翟超、岑晊、苑康及山阳人刘表、汝南人陈翔、鲁国人孔昱、山阳人檀敷为"八及","及"的意思是引导别人追求宗师；又称度尚和东平人张邈、王孝、东郡人刘儒、泰山人胡母班、陈留人秦周、鲁国人蕃向、东莱人王章为"八厨","厨"的意思是能施财救人。到后来陈蕃、窦武执政，又举荐重用了李膺等人；当陈蕃、窦武被杀，李膺等人再次被废黜。

## 【原文】

宦官疾恶膺等，每下诏书，辄申党人之禁。侯览怨张俭尤甚，览乡人朱并素佞邪，为俭所弃，承览意指，上书告俭与同乡二十四人别相署号，共为部党，图危社稷，而俭为之魁。诏刊章①捕俭等。冬，十月，大长秋曹节因此讽有司奏："诸钩党者故司空虞放及李膺、杜密、朱寓、荀翌、翟超、刘儒、范滂等，请下州郡考治。"是时上年十四，问节等曰："何以为钩党？"对曰："钩党者，即党人也。"上曰："党人何用为恶而欲诛之邪？"对曰："皆相举群辈，欲为不轨。"上曰："不轨欲如何？"对曰："欲图社稷。"上乃可其奏。

## 【注释】

①刊章：删去告发人姓名的捕人文书。

## 【译文】

宦官非常仇视李膺等人，每次下诏书，都重申对党人的禁锢。侯览对张俭尤其怨恨，侯览的同乡人朱并一向谄媚奸邪，被张俭斥逐，就逢迎侯览的意旨，上书告发张俭与同乡二十四人互相起称号，结成同党，企图危害国家，而以张俭为首领。下诏抹掉告发人的姓名，公布奏书，逮捕张俭等人。冬，十月，大长秋曹节唆使有关官员上奏："互相勾结的党人有前司空虞放和李膺、杜密、朱㝢、荀翌、翟超、刘儒、范滂等人,请下诏交州郡考讯治罪。"这时皇帝才十四岁,问曹节等人说:"什么叫钩党?"曹节回答:"钩党就是勾结在一起的党人。"皇帝问:"党人有什么罪非杀不可?"曹节回答:"他们相互标榜同党,图谋不轨。"皇帝问:"图谋不轨又想怎么样?"曹节回答:"要夺权窃国。"皇帝便批准了奏章。

【原文】

或谓李膺曰:"可去矣!"对曰:"事不辞难,罪不逃刑,臣之节也。吾年已六十,死生有命,去将安之!"乃诣诏狱,考死;门生故吏并被禁锢。侍御史蜀郡景毅子顾为膺门徒,未有录牒,不及于谴,毅慨然曰:"本谓膺贤,遣子师之,岂可以漏脱名籍,苟安而已!"遂自表免归。

【译文】

有人对李膺说:"你应该逃走!"李膺说:"行事不畏难,有罪不逃刑,这是臣子的节操。我已经六十岁了,生死自有天命,能够逃到什么地方!"于是自投狱中,被拷打而死;他的门生和旧属都被禁锢。侍御史蜀郡人景毅的儿子景顾是李膺的学生,禁锢的名册上没有记载他,因而没有受牵连,景毅感慨地说:"本认为李膺是个贤才,才让我儿子拜他为师,我又怎么能够因为名册上脱漏了名字而苟且偷安!"于是上书检举自己,被免官回乡。

【原文】

汝南督邮吴导受诏捕范滂,至征羌,抱诏书闭传舍,伏床而泣,一县不知所为。滂闻之曰:"必为我也。"即自诣狱。县令郭揖大惊,出,解印绶,引与俱亡,曰:

"天下大矣,子何为在此!"滂曰:"滂死则祸塞,何敢以罪累君,又令老母流离乎!"其母就与之诀,滂白母曰:"仲博孝敬,足以供养。滂从龙舒君归黄泉,存亡各得其所。惟大人割不可忍之恩,勿增感戚!"仲博者,滂弟也。龙舒君者,滂父龙舒侯相显也。母曰:"汝今得与李、杜齐名,死亦何恨!既有令名,复求寿考,可兼得乎!"滂跪受教,再拜而辞。顾其子曰:"吾欲使汝为恶,恶不可为;使汝为善,则我不为恶。"行路闻之,莫不流涕。

**【译文】**

汝南督邮吴导奉诏逮捕范滂,到达范滂的家乡征羌,关闭驿舍,抱着诏书,伏在床上流泪,全县的人都不知道为了什么事。范滂听到这事就说:"必定是为了我。"随即自行投案。县令郭揖大惊,走出来,解下印绶,要与范滂一同逃走,说:"天下这么大,你为什么一定要在这里!"范滂说:"我死了,灾祸就停止了,怎敢因自身有罪连累你,而又使老母流离失所呢?"范滂的母亲前往与他诀别,范滂对母亲说:"仲博很孝敬,足以奉养您。我跟随龙舒君到黄泉之下,存亡各得其所。求母亲割舍母子不忍之情,不要过于悲伤!"仲博是范滂的弟弟。龙舒君是范滂的父亲,即曾做过龙舒侯国国相的范显。范滂的母亲说:"你今天能与李膺、杜密齐名,死了也没有遗憾。已经得到美名,又求高寿,岂能兼而得之!"范滂跪着接受教训,一再拜辞。范母回头对儿子说:"我要教你作恶,但是我又不能作恶;我要教你行善,所以我没有作恶。"往来的路人听说后,没有人不流泪。

**【原文】**

凡党人死者百余人,妻子皆徙边。天下豪杰及儒学有行义者,宦官一切指为党人;有怨隙者,因相陷害,睚眦之忿，滥入党中。州郡承旨，或有未尝交关，亦离祸毒，其死、徙、废、禁者又六七百人……

**【译文】**

因党人案件而死的总共有一百多人，他们的妻儿都被发配边疆。天下豪杰和有良好声誉的儒士，都被宦官指责为党人；致使有怨仇的人，乘机陷害，甚至连瞪一眼的小积怨，也要被滥指控为党人。州郡奉承上面旨意，对于有些没有交结的人，也加以陷害，因此而受死刑、放逐、废黜、禁锢的人又有六七百之多……

**【原文】**

张俭亡命困迫，望门投止，莫不重其名行，破家相容。后流转东莱，止李笃家。外黄令毛钦操兵到门，笃引钦就席曰："张俭负罪亡命，笃岂得藏之！若审在此，此人名士，明廷宁宜执之乎！"钦因起抚笃曰："蘧伯玉耻独为君子，足下如何专取仁义！"笃曰："今欲分之，明廷载半去矣。"钦叹息而去。笃导俭经北海戏子然家，遂入渔阳出塞。其所经历，伏重诛者以十数，连引收考者布遍天下，宗亲并皆殄灭，郡县为之残破。俭与鲁国孔褒有旧，亡抵褒，不遇，褒弟融，年十六，匿之。后事泄，俭得亡走，国相收褒、融送狱，未知所坐。融曰："保纳舍藏者，融也，当坐。"褒曰："彼来求我，非弟之过。"吏问其母，母曰："家事任长，妾当其辜。"一门争死，郡县疑不能决，乃上谳之，诏书竟坐褒。及党禁解，俭乃还乡里，后为卫尉，卒，年八十四。夏馥闻张俭亡命，叹曰："孽自己作，空污良善，一人逃死，祸及万家，何以生为！"乃自翦须变形，入林虑山中，隐姓名，为冶家佣，亲突烟炭,形貌毁瘁,积二三年,人无知者。馥弟静载缣帛追求饷之,馥不受曰:"弟奈何载祸相饷乎!"党禁未解而卒。

## 【译文】

　　张俭流亡,困顿窘迫,见到有人家就前去投宿,主人无不尊重他的名望与德行,冒着家破人亡的危险收容他。后来辗转到东莱郡,住在李笃家。外黄县县令毛钦带着兵器来到李家,李笃请毛钦入座,说:"张俭犯罪逃亡,我怎敢窝藏!如果他真的在此,对这一位名士,你认为应当逮捕吗?"毛钦因此起身,抚着李笃的肩膀说:"蘧伯玉不愿独为君子,你怎么想独行仁义呢!"李笃说:"我现在就想与你平分,你已经得到了一半。"毛钦叹息告辞。李笃带着张俭投奔到北海戏子然家,于是从渔阳郡逃到塞外。张俭逃亡期间,牵连被杀的人以十计,被逮捕、考讯的遍及天下,他的宗族亲戚都被杀尽,郡县受到摧残。张俭与鲁国的孔褒是旧交,张俭投奔孔褒,孔褒不在家,孔褒的弟弟孔融才十六岁,就做主藏匿了张俭。事情后来泄露,张俭幸得逃走,鲁国国相就收捕了孔褒、孔融送进监狱,不知该判谁的罪。孔融说:"藏匿张俭的是我,应当判我的罪。"孔褒说:"张俭是来找我的,并不是弟弟的过错。"官吏问他们的母亲,她说:"家长负责家事,是我的错。"全家人都争着承担死罪,县官犹豫不决,报告朝廷,下诏定孔褒的罪。直到解除党锢,张俭才返回家乡,后来担任卫尉,享年八十四岁。当初,夏馥听说张俭逃命,叹息说:"张俭自己作孽,却凭空牵连善良的人,一个人逃亡,使万家受祸,何必活着!"夏馥于是剪了胡须改变容貌,躲到林虑山中,隐姓埋名,在铁铺做工,亲自烧炭,容貌憔悴,过了二三年,没人认出他。夏馥的弟弟夏静在车上装着缣帛,到处找他给予接济,夏馥不肯接受,说:"你怎么载着灾祸来接济我!"党禁还没有解除,夏馥就去世了。

# 官渡之战

**【原文】**

献帝建安四年,绍简精兵十万、骑万匹,欲以攻许。沮授谏曰:"近讨公孙瓒,师出历年,百姓疲敝,仓库无积,未可动也。宜务农息民,先遣使献捷天子。若不得通,乃表曹操隔我王路,然后进屯黎阳,渐营河南,益作舟舡,缮修器械,分遣精骑抄其边鄙,令彼不得安,我取其逸。如此,可坐定也。"郭图、审配曰:"以明公之神武,引河朔之强众,以伐曹操,易如覆手,何必乃尔!"授曰:"夫救乱诛暴,谓之义兵;恃众凭强,谓之骄兵。义者无敌,骄者先灭。曹操奉天子以令天下,今举师南向,于义则违。且庙胜之策,不在强弱。曹操法令既行,士卒精练,非公孙瓒坐而受攻者也。今弃万安之术而兴无名之师,窃为公惧之!"图、配曰:"武王伐纣,不为不义;况兵加曹操,而云无名?且以公今日之强,将士思奋,不及时以定大业,所谓'天与不取,反受其咎',此越之所以霸,吴之所以灭也。监军之计在于持牢,而非见时知几之变也。"绍纳图言,图等因是潜授曰:"授监统内外,威震三军,若其浸盛,何以制之!夫臣与主同者亡,此《黄石》之所忌也。且御众于外,不宜知内。"绍乃分授所统为三都督,使授及郭图、淳于琼各典一军。骑都尉清河崔琰谏曰:"天子在许,民望助顺,不可攻也!"绍不从。

## 【译文】

汉献帝建安四年(199),袁绍挑选十万精兵、马万匹,准备攻打许县。沮授劝阻道:"最近讨伐公孙瓒,连年出兵,百姓疲乏困穷,仓库里没有积蓄,不可轻举妄动。应该致力于农业,使人民休养生息,先派使者向天子贡献战利品。如果不能送到天子那里,就上表控告曹操阻隔我们与天子的联系,然后进驻黎阳,逐步向黄河南岸发展,多造船只,修缮武器装备,分派精锐骑兵去掠夺曹操的边境一带,让他不得安宁,我军却以逸待劳。这样,就可坐着平定天下了。"郭图、审配说:"以将军的神武,率河朔之强兵,去讨伐曹操,易如反掌,何必这样!"沮授说:"拯救乱世,诛除暴逆,叫作义兵;依赖人多,凭仗强大,叫作骄兵。义兵无敌,骄兵先亡。曹操奉天子以号令天下,如今举师南下,从道义上讲我们就不对了。况且克敌制胜在于运筹帷幄的谋略,不在兵力的强弱。曹操法令能够执行,士兵精锐,不是公孙瓒那样坐着挨打的人。如今要舍弃万全之策而发动无名之师,我暗暗为您担心!"郭图、审配说:"周武王讨伐商纣,不能说不道义;何况是讨伐曹操,怎能说是无名!再说以您今日之强盛,将士斗志昂扬,不乘此机会来完成大业,这就是所谓'上天赐予而不去获取,一定反受其害',这正是春秋时越国之所以称霸,吴国之所以灭亡的原因。监军的计策在于稳妥,却没有看见时机的变化。"袁绍接受了郭图的意见。郭图等乘此时机说沮授的坏话:"沮授总理内外,威震三军,如果他的权力逐渐扩大,靠什么来控制他!臣下的威权和君主相同,君主就会灭亡,这是黄石公兵书中所忌讳的。况且率军在外,不应该再管理内部事务。"袁绍于是把沮授统帅的军队分为三个都督来辖制,让沮授和郭图、淳于琼各领一军。骑都尉清河人崔琰劝阻说:"天子在许县,民众期望您辅助天子,不能去攻打!"袁绍不听。

【原文】

　　许下诸将闻绍将攻许,皆惧,曹操曰:"吾知绍之为人,志大而智小,色厉而胆薄,忌克而少威,兵多而分画不明,将骄而政令不一,土地虽广,粮食虽丰,适足以为吾奉也。"孔融谓荀彧曰:"绍地广兵强,田丰、许攸智士也,为之谋;审配、逢纪忠臣也,任其事;颜良、文丑勇将也,统其兵。殆①难克乎!"彧曰:"绍兵虽多而法不整,田丰刚而犯上,许攸贪而不治,审配专而无谋,逢纪果而自用,此数人者,势不相容,必生内变。颜良、文丑,一夫之勇耳,可一战而禽也。"秋,八月,操进军黎阳,使臧霸等将精兵入青州以扞②东方,留于禁屯河上。九月,操还许,分兵守官渡……

【注释】

①殆:大概,恐怕。
②扞(hàn):同"捍",保卫,护卫。

【译文】

　　许县的众将领听说袁绍将要攻打许县,都很害怕,曹操说:"我知道袁绍的为人,志向大而智谋小,外表强硬而内心怯弱,嫉妒刻薄而缺乏威望,兵多却调配不明,将领骄横而政令不统一,土地虽广,粮食虽多,却正好可以成为我们的给养。"孔融对荀彧说:"袁绍地广兵强,田丰、许攸是智士,为他谋划;审配、逢纪是忠臣,为他理事;颜良、文丑是勇将,为他统兵。恐怕难以战胜啊!"荀彧说:"袁绍兵虽多却法纪不严,田丰刚直却触犯上司,许攸贪婪而不整治政务,审配专权而无谋略,逢纪果敢却自以为是,这几个人,一定不能相容,内部必然会发生变故。颜良、文丑,不过是匹夫之勇罢了,可以一战就能擒获他们。"秋,八月,曹操进军黎阳,派臧霸等率精兵进入青州来保卫东方,留于禁驻扎在黄河边。九月,曹操回到许县,分兵驻守官渡……

## 【原文】

献帝建安五年,曹操还军官渡,绍乃议攻许,田丰曰:"曹操既破刘备,则许下非复空虚。且操善用兵,变化无方,众虽少,未可轻也,今不如以久持之。将军据山河之固,拥四州之众,外结英雄,内修农战,然后简其精锐,分为奇兵,乘虚迭出以扰河南,救右则击其左,救左则击其右,使敌疲于奔命,民不得安业,我未劳而彼已困,不及三年,可坐克也。今释庙胜之策而决成败于一战,若不如志,悔无及也。"绍不从。丰强谏忤绍,绍以为沮众,械系之。于是移檄州郡,数操罪恶。二月,进军黎阳。沮授临行,会其宗族,散资财以与之曰:"势存则威无不加,势亡则不保一身,哀哉!"其弟宗曰:"曹操士马不敌,君何惧焉?"授曰:"以曹操之明略,又挟天子以为资,我虽克伯珪,众实疲敝,而主骄将忕①,军之破败,在此举矣。扬雄有言:'六国蚩蚩②,为嬴弱姬。'其今之谓乎!"……

## 【注释】

①忕:奢侈。
②蚩蚩(chī):纷扰的样子。

## 【译文】

汉献帝建安五年(200),曹操率军回到官渡,袁绍于是商议进攻许县,田丰说:"曹操已经打败刘备,那么许县就不会再空虚了。况且曹操善于用兵,变化无常,军队虽少,不可轻视,现在不如与他长久地对峙。将军占据险固的山河,拥有四州的民众,对外交结英雄豪杰,对内从事农耕和战备，然后挑选军中的精锐士兵，分出作为奇兵，在敌方空虚的地方频繁地出击，来骚扰黄河以南，敌人救右边我就击其左边，救左边就击其右边，使敌人疲于奔命，百姓无法安居乐业，我军没有辛劳而敌人已经困乏，不到三年，可轻而易举地打败敌人。如今放弃克敌制胜的谋略，而凭一战来决定成败，如果不能如愿，后悔就来不及了。"袁绍不听。田丰全力劝阻，冒犯了袁绍，袁绍认为他扰乱军心，给他戴上刑具关押起来。于是向各州郡发布檄文，历数曹操的罪恶。二月，进军黎阳。沮授临行，召集他的宗族，把家中的财产散发给他们，说："得势时权威就无所不在，失势时连性命都难自保，可悲哟！"他的弟弟沮宗说："曹操的兵马敌不过我军，你害怕什么呢？"沮授说："凭曹操的英明谋略，加上挟持天子作为资本，我们虽然打败了公孙瓒，军队确实疲乏了，而且主上骄傲，将领奢侈，军队的败毁，就在这一仗了。扬雄曾经说过：'六国悖理惑乱，拥助秦国，削弱周室。'说的就是今天这样的情形吧！"……

## 【原文】

　　袁绍遣其将颜良攻东郡太守刘延于白马，沮授曰："良性促狭，虽骁勇，不可独任。"绍不听。夏，四月，曹操北救刘延。荀攸曰："今兵少不敌，必分其势乃可。公到延津，若将渡兵向其后者，绍必西应之，然后轻兵袭白马，掩其不备，颜良可禽也。"操从之，绍闻兵渡，即分兵西邀之。操乃引军兼行趣白马，未至十余里，良大惊，来逆战。操使张辽、关羽先登击之。羽望见良麾盖，策马刺良于万众之中，斩其首而还，绍军莫能当者。遂解白马之围，徙其民，循河而西。绍渡河追之，沮授谏曰："胜负变化，不可不详。今宜留屯延津；分兵官渡，若其克获，还迎不晚，设其有难，众弗可还。"绍弗从。授临济叹曰："上盈其志，下务其功，悠悠黄河，吾其济乎!"遂以疾辞。绍不许而意恨之,复省其所部并属郭图。绍军至延津南,操勒兵驻营南阪下,使登垒望之,曰:"可五六百骑。"有顷,复白:"骑稍多,步兵不可胜数。"操曰:"勿复白。"令骑解鞍放马。是时,白马辎重①就道,诸将以为敌骑多,不如还保营。荀攸曰:"此所以饵敌,如何去之!"操顾攸而笑。绍骑将文丑与刘备将五六千骑前后至。诸将复白:"可上马。"操曰:"未也。"有顷,骑至稍多,或分趣辎重。操曰:"可矣。"乃皆上马。时骑不满六百,遂纵兵击,大破之,斩丑。丑与颜良,皆绍名将也,再战,悉禽之,绍军夺气……

【注释】

①辎重:出门携带的物资,这里指军用物资。

【译文】

袁绍派遣他的将领颜良到白马进攻东郡太守刘延。沮授说:"颜良生性急躁,虽然骁勇,不可独当一面。"袁绍不听。夏,四月,曹操向北救援刘延。荀攸说:"如今我们兵少打不过敌人,一定要分散他们的势力才行。您到延津,如果做出要渡兵过黄河奔袁绍后方的样子,袁绍一定率兵向西迎战,然后您率军轻装奔袭白马,攻其不备,颜良就会被擒了。"曹操采纳了这个建议,袁绍听说曹操渡兵黄河,立刻分兵向西拦截。曹操于是率军日夜兼程赶往白马,离白马十多里时,颜良大惊,赶来迎战。曹操派张辽、关羽作先锋出战,关羽看见颜良的战车麾盖,驱马直入,在敌军万人丛中杀了颜良,砍下他的头而回,袁绍的士兵没有能抵挡他的。于是便解了白马之围,迁走当地的居民,沿着黄河向西而行。袁绍要渡黄河追赶,沮授劝阻说:"胜负的变化,不能不审慎地考虑。现在应该留驻延津;分兵到官渡,如果攻下官渡,再回来迎接留驻的大军渡河也不迟,假如有什么不幸,军队就没有退路了。"袁绍不听。沮授临渡河时感叹道:"主上狂妄自大,部下急功近利,悠悠黄河呀,我们能渡吗?"于是称病辞职,袁绍不同意,心里恨他,又减少他的军队并将其归属郭图。袁绍率军到延津的南面,曹操率兵在南阪下驻扎,派人登上营垒远望袁绍的军队,报告说:"大约有五六百骑兵。"过一会儿,又报告说:"骑兵渐渐增多,步兵多得无法数。"曹操说:"不要再报告了。"命令骑兵解下马鞍,放开马匹。这时,从白马西迁的军备已上路。众将领认为敌人骑兵多,不如退保军营。荀攸说:"这是在引诱敌人,怎么能离去呢?"曹操回头看着荀攸微微一笑。袁绍的骑将文丑和刘备率五六千骑兵前后来到。众将领又说:"可以上马了。"曹操说:"不到时候。"过一会儿,骑兵来得更多了,有的要分别攻击军备。曹操说:"可以了!"于是都上马。这时曹操的骑兵不满六百,曹操挥兵进击袁军,把袁军打得大败,杀了文丑。文丑和颜良,都是袁绍的名将,两次战斗,先后被杀,袁绍军队因而士气衰落……

## 【原文】

袁绍军阳武,沮授说绍曰:"北兵虽众而劲果不及南,南军谷少而资储不如北;南幸于急战,北利在缓师。宜徐持久,旷以日月。"绍不从。八月,绍进营稍前,依沙塠为屯,东西数十里。操亦分营与相当……

## 【译文】

袁绍驻军阳武,沮授劝袁绍说:"北军虽然人数多但战斗力果真不如南军,南军粮少而储备不如北军;南军利于速战,北军利于持久战。所以我们应该迟缓持久,拖延时间。"袁绍不听。八月,袁绍把军营往前稍稍移动,依靠沙丘扎营,东西连绵几十里。曹操也分开部队,与袁绍的军营对垒驻扎……

## 【原文】

曹操出兵与袁绍战,不胜,复还,坚壁。绍为高橹,起土山,射营中,营中皆蒙楯而行。操乃为霹雳车,发石以击绍楼,皆破。绍复为地道攻操,操辄于内为长堑以拒之。操众少粮尽,士卒疲乏,百姓困于征赋,多叛归绍者。操患之,与荀彧书,议欲还许,以致绍师。彧报曰:"绍悉众聚官渡,欲与公决胜败。公以至弱当至强,若不能制,必为所乘,是天下之大机也。且绍,布衣之雄耳,能聚人而不能用。以公之神武明哲而辅以大顺,何向而不济!今谷食虽少,未若楚、汉在荥阳、成皋间也。是时刘、项莫肯先退者,以为先退则势屈也。公以十分居一之众,画地而守之,扼其喉而不得进,已半年矣。情见势竭,必将有变。此用奇之时,不可失也。"操从之,乃坚壁持之。

**【译文】**

曹操出兵与袁绍交战,不能取胜,又退回,坚守营垒。袁绍建造高楼台,堆起土山,居高向曹操营中射击,营中的人都顶着盾牌行走。曹操于是造霹雳车,发射石块来攻击袁绍的楼台,楼台全部被摧毁。袁绍又挖地道攻打曹操,曹操就在营内掘长长的深沟来抵抗。曹操兵少粮尽,士兵疲乏,百姓被赋税困扰,纷纷背叛曹操而归附袁绍。曹操为之忧虑,写信给荀彧,计划想回到许县,用这个办法来引诱袁绍深入。荀彧回信说:"袁绍把全部人马聚结官渡,想与您决出胜败。您用最弱之军抵挡最强之师,如果不能制服敌人,就一定被敌人制服,这是夺取天下的关键时刻了。况且,袁绍只是一个普通人中的雄杰而已,能够收揽人才却不能使用。凭您的神武和明智,再加上名正言顺的地位,有什么事情不能成功的!如今粮食虽少,还不像楚、汉在荥阳、成皋之间对峙的情形。那时刘邦、项羽没有谁肯先退走的,都认为先退就处于下风。您以只有袁军十分之一的兵力,坚守自己的地盘,扼住袁军的咽喉,使它无法前进,已经有半年了。事情发展到后来,一定会发生变化。这正是出奇制胜的时候，不可失去。"曹操采纳了他的意见，于是坚守壁垒与袁军相持。

## 【原文】

冬，十月，绍复遣车运谷，使其将淳于琼等将兵万余人送之，宿绍营北四十里。沮授说绍："可遣蒋奇别为支军于表，以绝曹操之抄。"绍不从。许攸曰："曹操兵少而悉师拒我，许下余守，势必空弱。若分遣轻军，星行掩袭，许可拔也。许拔，则奉迎天子以讨操，操成禽矣。如其未溃，可令首尾奔命，破之必也。"绍不从，曰："吾要当先取操。"会攸家犯法，审配收系之，攸怒，遂奔操。操闻攸来，跣出迎之，抚掌笑曰："子卿远来，吾事济矣！"既入坐，谓操曰："袁氏军盛，何以待之？今有几粮乎？"操曰："尚可支一岁。"攸曰："无是，更言之！"又曰："可支半岁。"攸曰："足下不欲破袁氏邪？何言之不实也！"操曰："向言戏之耳。其实可一月，为之奈何？"攸曰："公孤军独守，外无救援而粮谷已尽，此危急之日也。袁氏辎重万余乘，在故市、乌巢，屯军无严备，若以轻兵袭之，不意而至，燔其积聚，不过三日，袁氏自败也。"操大喜，乃留曹洪、荀攸守营，自将步骑五千人，皆用袁军旗帜，衔枚缚马口，夜从间道出，人抱束薪，所历道有问者，语之曰："袁公恐曹操抄略后军，遣兵以益备。"闻者信以为然，皆自若。既至，围屯，大放火，营中惊乱。会明，琼等望见操兵少，出陈门外，操急击之，琼退保营，操遂攻之。绍闻操击琼，谓其子谭曰："就操破琼，吾拔其营，彼固无所归矣！"乃使其将高览、张郃等攻操营。郃曰:"曹公精兵往,必破琼等,琼等破,则事去矣,请先往救之。"郭图固请攻操营。郃曰:"曹公营固,攻之必不拔。若琼等见禽,吾属尽为虏矣。"绍但遣轻骑救琼,而以重兵攻操营,不能下。绍骑至乌巢,操左右或言:"贼骑稍近,请分兵拒之。"操怒曰:"贼在背后,乃白!"士卒皆殊死战,遂大破之,斩琼等,尽燔其粮谷,杀士卒千余人,皆取其鼻,牛马割唇舌,以示绍军,绍军将士皆恼惧。郭图惭其计之失,复潛张郃于绍曰:"郃快军败。"郃忿惧,遂与高览焚攻具,诣操营降。曹洪疑,不敢受,荀攸曰:"郃计画不用,怒而来奔,君有何疑!"乃受之。于是绍军惊扰,大溃,绍及谭等幅巾乘马,与八百骑渡河。操追之不及,尽收其辎重、图书、珍宝。余众降者,操尽坑之,前后所杀七万余人。

## 【译文】

冬,十月,袁绍又派车辆运粮,让他的部将淳于琼等率兵一万多人护送,住宿在袁绍大营的北面四十里。沮授劝说袁绍:"可派蒋奇另外组成一个支队在运粮车队的外围,以防曹操来夺取。"袁绍不听。许攸说:"曹操兵少而倾巢出动来对抗我军,许县由剩余的少量部队留守,防备一定空虚。如果分派轻装队伍,夜行偷袭,可以攻克许县。攻克了许县,就奉迎天子来讨伐曹操,曹操就会成为俘虏。如果一时攻不下,也可让曹操前后奔命,这样一定能够打败他。"袁绍不听从,说:"我应当要先取曹操。"时逢许攸家里人犯法,审配将其收捕,许攸愤怒,于是投奔了曹操。曹操听说许攸来了,来不及穿鞋光着脚出去迎接,拍掌大笑道:"子卿远来,我的事业成功了!"入座后,许攸对曹操说:"袁军强盛,用什么来对付它?现在有多少粮食?"曹操说:"还可支持一年。"许攸说:"没那么多,您再说!"曹操又说:"可支持半年。"许攸说:"您不想击败袁绍吗?为什么话说得如此的不诚实!"曹操说:"刚才说的是个玩笑。其实只可支持一个月,对此怎么办?"许攸说:"您孤军独守,外面没有救援而且粮食已尽,这是危急的时刻。袁绍一万多辆车的军用物资在故市、乌巢,驻守的军队防备不严,如果派轻装部队去偷袭,出其不意地出现,烧毁他们储备的粮草,不过三天,袁绍不战自败。"曹操大喜,于是留下曹洪、荀攸防守军营,亲自率步兵骑兵五千人,都打着袁军的旗帜,人人衔着枚,马被缚住口,夜里从小道出发,人人抱着一捆柴草,经过的路上有人盘问,告诉他说:"袁公怕曹操袭击后面的军队,派兵来加强守备。"听的人信以为真,都照常行事。到乌巢后,包围营寨,点起大火,营中惊慌大乱。刚好天亮起来,淳于琼看见曹操兵少,就率军出营门,曹操急攻,淳于琼退保军营,曹操于是攻打军营。袁绍听说曹操攻击淳于琼,就对他的儿子袁谭说:"即便曹操击败淳于琼,而我攻占他的军营,他就无处可归了!"于是派他的将领高览、张郃等攻打曹操的军营。张郃说:"曹操率精锐士兵前往,一定能击败淳于琼等,淳于琼等若战败,那么大事就完了,请先去救淳于琼。"郭图坚决请求攻打曹操军营。张郃说:"曹公军营坚固,一定不能攻下。如果淳于琼等被擒,我们都将成为俘虏了。"袁绍只派轻骑救援淳于琼,而用重兵攻打曹操军营,攻不下。袁绍的骑兵到了乌巢,曹操左右中有人说:"贼骑渐渐靠近,请分兵抗拒。"曹操愤怒道:"贼到了身后,再报告!"士兵们都殊死奋战,于是大破敌军,斩了淳于琼等,烧毁袁军的全部粮食,杀死袁军士兵一千多人,全割下鼻子,牛马割下嘴唇和舌头,把它们给袁绍的军队看,袁军将士都非常恐惧。郭图对自己的计谋失策感到惭愧,又在袁绍的面前说张郃的坏话:"张郃对我军之败幸灾乐祸。"张郃又气又怕,于是和高览放火烧了进攻军营的器械装备,到曹操的军营投降。曹洪心中疑虑不敢受降,荀攸说:"张郃因计划不被采用,气愤至极而来投奔,你有什么可怀疑的?"于是接受了投降。这时袁绍的军队惊惧混乱,大败崩溃,袁绍和袁谭等连帽子也没戴,只头着幅巾乘马跟八百名骑兵渡过黄河。曹操追赶不上,就全部收缴了袁军的军备、图书、珍宝。把其余投降的袁军全部活埋,前前后后杀了七万多人。

# 隆中对策

【原文】

　　初，琅邪诸葛亮寓居襄阳隆中，每自比管仲、乐毅；时人莫之许也，惟颍川徐庶与崔州平谓为信然。州平，烈之子也。

【译文】

　　当时，琅邪人诸葛亮居住在襄阳城的隆中，他经常把自己比作历史上的两位治国贤臣管仲和乐毅，当时人们都不买他的账，只有颍川人徐庶和崔州平相信他确有治国本领。崔州平，是崔烈的儿子。

【原文】

　　刘备在荆州，访士于襄阳司马徽。徽曰："儒生俗士，岂识时务，识时务者在乎俊杰。此间自有伏龙、凤雏。"备问为谁，曰："诸葛孔明、庞士元也。"徐庶见备于新野，备器之。庶谓备曰："诸葛孔明，卧龙也，将军岂愿见之乎？"备曰："君与俱来。"庶曰："此人可就见，不可屈致也，将军宜枉驾顾之。"

【译文】

　　刘备占据荆州时，走访时在襄阳的有识之士司马徽。司马徽说："一般的儒生俗士，怎能认清时务，识时务的人是俊杰之士。这一带称得上是俊杰的自有伏龙、凤雏了。"刘备问这二人是谁,司马徽回答说:"就是诸葛孔明和庞士元。"徐庶与刘备在新野初次见面后,刘备就非常器重他。徐庶对刘备说:"诸葛孔明就是卧龙,将军您难道不想与他见上一面吗?"刘备说:"您可以与他一同前来见我。"徐庶说:"此人只可亲身登门相见,他不会降低身份前来的,将军您应该公开屈驾前去看望他才是。"

【原文】

备由是诣亮,凡三往,乃见。因屏人曰:"汉室倾颓,奸臣窃命,孤不度德量力,欲信大义于天下,而智术浅短,遂用猖蹶①,至于今日。然志犹未已,君谓计将安出?"亮曰:"今曹操已拥百万之众,挟天子而令诸侯,此诚不可与争锋。孙权据有江东,已历三世,国险而民附,贤能为之用,此可与为援而不可图也。荆州北据汉、沔,利尽南海,东连吴会,西通巴、蜀,此用武之国,而其主不能守,此殆天所以资将军也。益州险塞,沃野千里,天府之土;刘璋暗弱,张鲁在北,民殷国富而不知存恤,智能之士思得明君。将军既帝室之胄,信义著于四海。若跨有荆、益,保其岩阻,抚和戎、越,结好孙权,内修政治,外观时变,则霸业可成,汉室可兴矣。"备曰:"善!"于是与亮情好日密。关羽、张飞不悦,备解之曰:"孤之有孔明,犹鱼之有水也。愿诸君勿复言。"羽、飞乃止。

【注释】

①遂用猖蹶:于是遭受颠覆和失败。猖蹶,颠覆,失败。

【译文】

刘备因此前往拜访诸葛亮,先后共去了三次,才终于得到诸葛亮的接待。刘备屏退旁人,单独与诸葛亮进行交谈。刘备说:"自从汉室衰败以来,奸臣窃国盗令,我不衡量自己的德行和力量,想以大义取信于天下人,但由于智能和权谋的短浅,于是遭受颠踬和挫折,直到今天。然而我的意志并没有改变,您认为我应该采用怎样的计谋呢?"诸葛亮说:"如今曹操已经拥有百万兵力,又挟持天子来命令诸侯,诚然不可以与他贸然争锋。孙权占据江东之地,已历三代,国凭天险而百姓依附,贤能之人为他所重用,这样就只可对其相互援助而不可图谋攻取。荆州之地,背面靠着汉江沔水,南面还有大片可以利用的地带直到南海,东面连着吴郡、会稽,西面可以直通巴、蜀,这才是用武之地,而且目前荆州的主人又不能保疆守土,这大概是上天对将军的资助吧!益州占据天险要塞,有千里肥沃的田野,可称得上是天府之国;刘璋昏暗软弱,张鲁占据北边的地盘,民众老诚,国库富裕而不知抚恤,智能之士希望得到圣明的君主。将军既然是汉室的后裔,忠信仁义又名扬四海,如果跨有荆、益二州,据守其高山险阻,安抚和睦西戎、南越,结盟孙权,对内修明政治教化,对外观察时变,那么霸王的事业可以成功,汉室就可以复兴了。"刘备听了,称赞道:"讲得好!"从此刘备与诸葛亮感情友好,关系日益亲密。对此,关羽和张飞心里很不高兴,刘备向他们解释说:"我有孔明相助,如鱼得水,希望你们不要再有怨言。"关羽和张飞这才被劝止。

# 赤壁之战

**【原文】**

献帝建安十三年,初,鲁肃闻刘表卒,言于孙权曰:"荆州与国邻接,江山险固,沃野万里,士民殷富,若据而有之,此帝王之资也。今刘表新亡,二子不协,军中诸将,各有彼此。刘备天下枭雄,与操有隙,寄寓于表,表恶其能而不能用也。若备与彼协心,上下齐同,则宜抚安,与结盟好;如有离违,宜别图之,以济大事。肃请得奉命吊表二子,并慰劳其军中用事者,及说备使抚表众,同心一意,共治曹操,备必喜而从命。如其克谐,天下可定也。今不速往,恐为操所先。"权即遣肃行。

**【译文】**

汉献帝建安十三年(208),起初,鲁肃听到刘表的死讯,向孙权进言道:"荆州和我们的国土相连,江山险固,沃野万里,人民富足,如果我们占有它,这是帝王的资本。如今刘表刚死,两个儿子不团结,军队里的众将领,也各有主意。刘备是天下的英雄,与曹操有旧怨,寄居在刘表那里,刘表嫉恨他的才能因而不能任用他。如果刘备和刘表同心协力,上下一致,那么就应去慰抚,与他们结为同盟;如果他们离心离德,应当另想办法来成就大业。我请求能奉命去向刘表的两个儿子吊丧,并慰劳他们军中的主要将领,以及说服刘备,让他安抚刘表的部队,同心一意,共同对付曹操,刘备一定会高兴地同意。如果事情成功,天下就可以安定了。现在不赶快去,恐怕会被曹操抢先。"孙权立刻派鲁肃前去。

## 【原文】

到夏口,闻操已向荆州,晨夜兼道,比至南郡,而琮已降,备南走,肃径迎之,与备会于当阳长坂。肃宣权旨,论天下事势,致殷勤之意,且问备曰:"豫州今欲何至?"备曰:"与苍梧太守吴巨有旧,欲往投之。"肃曰:"孙讨虏聪明仁惠,敬贤礼士,江表英豪,咸归附之,已据有六郡,兵精粮多,足以立事。今为君计,莫若遣腹心自结于东,以共济世业。而欲投吴巨,巨是凡人,偏在远郡,行将为人所并,岂足托乎!"备甚悦。肃又谓诸葛亮曰:"我,子瑜友也。"即共定交。子瑜者,亮兄瑾也,避乱江东,为孙权长史。备用肃计,进住鄂县之樊口。

## 【译文】

鲁肃到夏口,听说曹操已指向荆州,便昼夜兼程,等到了南郡,刘琮已经投降,刘备向南逃走,鲁肃直接去迎接他们,与刘备在当阳长坂相会。鲁肃说明孙权的意图,论述天下形势,对刘备表示殷勤关切,并且问刘备:"刘豫州现在打算去哪里?"刘备说:"我和苍梧太守吴巨有老交情,打算去投奔他。"鲁肃说:"孙将军聪明仁惠,敬重贤才礼遇士人,江南的英雄豪杰,都归附他,现已据有六郡,兵精粮多,足以建立大业。现在为您着想,不如派亲信去与江东的孙将军结盟,来一起完成大业。而您想投奔吴巨,吴巨只是一个平庸的人,地处偏远的边郡,即将被人吞并,怎么可以去依托呢?"刘备很高兴。鲁肃又对诸葛亮说:

"我是诸葛子瑜的朋友。"随即两个人共同定交,成为朋友。子瑜,是诸葛亮的哥哥诸葛瑾,避难到江东,担任孙权的长史。刘备采用鲁肃的计划,进驻鄂县的樊口。

## 【原文】

曹操自江陵将顺江东下。诸葛亮谓刘备曰:"事急矣,请奉命求救于孙将军。"遂与鲁肃俱诣孙权。亮见权于柴桑,说权曰:"海内大乱,将军起兵江东,刘豫州收众汉南,与曹操并争天下。今操芟夷①大难,略已平矣,遂破荆州,威震四海。英雄无用武之地,故豫州遁逃至此,愿将军量力而处之!若能以吴、越之众与中国抗衡,不如早与之绝;若不能,何不按兵束甲,北面而事之!今将军外托服从之名而内怀犹豫之计,事急而不断,祸至无日矣。"权曰:"苟如君言,刘豫州何不遂事之乎?"亮曰:"田横,齐之壮士耳,犹守义不辱;况刘豫州王室之胄②,英才盖世,众士慕仰,若水之归海!若事之不济,此乃天也,安能复为之下乎!"权勃然曰:"吾不能举全吴之地,十万之众,受制于人。吾计决矣!非刘豫州莫可以当曹操者;然豫州新败之后,安能抗此难乎?"亮曰:"豫州军虽败于长坂,今战士还者及关羽水军精甲万人,刘琦合江夏战士亦不下万人。曹操之众,远来疲敝,闻追豫州,轻骑一日一夜行三百馀里,此所谓'强弩之末势不能穿鲁缟'者也。故《兵法》忌之,曰'必蹶③上将军'。且北方之人,不习水战;又,荆州之民附操者,逼兵势耳,非心服也。今将军诚能命猛将统兵数万,与豫州协规同力,破操军必矣。操军破,必北还;如此,则荆、吴之势强,鼎足之形成矣。成败之机,在于今日!"权大悦,与其群下谋之。

## 【注释】

①芟(shān)夷:删削,铲除。
②胄(zhòu):帝王或贵族的后代。
③蹶:跌倒,绊倒,遭受挫败与颠覆。

## 【译文】

曹操从江陵将要顺长江东下。诸葛亮对刘备说:"情况危急,我请求奉命向孙将军求救。"就和鲁肃一起去拜见孙权。诸葛亮在柴桑见到孙权,就游说孙权,说:"天下大乱,将军在江东起兵,刘豫州在汉南聚众,与曹操一起争夺天下。如今曹操在北方铲除大难,基本已平定,接着又击破荆州,威震四海。英雄无用武之地,所以刘豫州逃到这里,希望将军量力来应付目前的局势!如果能用吴、越的人力与中原抗衡,不如早点与曹操断绝;如果不能,为什么不解除武装,北面称臣呢?现在将军表面上服从朝廷而内心却犹豫不定,情况紧急却不能决断,灾祸就要临头了!"孙权说:"假如真像你说的那样,刘豫州为什么不向曹操投降呢?"诸葛亮说:"田横,只不过是齐国的壮士罢了,尚且坚守义节,不屈辱投降;何况刘豫州是汉王室的后裔,英才盖世无双,士大夫们对他的仰慕,如流水归依大海。如果事业不能成功,这是天意,怎么能再屈居曹操之下呢?"孙权勃然大怒道:"我不能让全吴的土地,十万兵马,去受人家的控制。我的主意已经定了!除了刘豫州没有能抵挡曹操的人;可是豫州刚刚失败,怎么能抵御这临头的灾难呢?"诸葛亮说:"豫州的军队虽然在长坂战败,但如今回来的兵士加上关羽的水军还有精兵一万人,刘琦会合江夏的兵士也不下万人。曹操的部众,远道而来,已疲乏不堪,听说追赶豫州,轻装骑兵一昼夜走三百多里,这就是所谓的'强弩射出的箭,到了最后连鲁国的薄绸也穿不透'。所以《兵法》忌讳这种做法,认为:'这必定使上将军受挫'。而且北方人,不熟悉水战;加上荆州的民众归附曹操,是被武力所逼而已,并不是真心臣服。如今将军如能命猛将率兵几万,与豫州齐心合力,一定能击败曹操的军队。曹操的军队被击败,必定北归;这样,荆、吴的势力就强大起来,三足鼎立之势便形成了。成败的关键,就在于今天!"孙权非常高兴,就召集部下商议。

【原文】

是时,曹操遗权书曰:"近者奉辞伐罪,旄麾南指,刘琮束手。今治水军八十万众,方与将军会猎于吴。"权以示群下,莫不响震失色。长史张昭等曰:"曹公,豺虎也,挟天子以征四方,动以朝廷为辞;今日拒之,事更不顺。且将军大势可以拒操者,长江也。今操得荆州,奄有其地,刘表治水军,蒙冲①斗舰乃以千数,操悉浮以沿江,兼有步兵,水陆俱下,此为长江之险已与我共之矣,而势力众寡又不可论。愚谓大计不如迎之。"鲁肃独不言。权起更衣,肃追于宇下。权知其意,执肃手曰:"卿欲何言?"肃曰:"向察众人之议,专欲误将军,不足与图大事。今肃可迎操耳,如将军不可也。何以言之?今肃迎操,操当以肃还付乡党,品其名位,犹不失下曹从事,乘犊车,从吏卒,交游士林,累官故不失州郡也。将军迎操,欲安所归乎?愿早定大计,莫用众人之议也!"权叹息曰:"诸人持议,甚失孤望。今卿廓开大计,正与孤同。"

【注释】

①蒙冲:也作"艨艟",古代的一种战船。

【译文】

这时,曹操送信给孙权,说:"近来我奉天子之命讨伐叛逆,旌旗向南一指,刘琮束手就擒。如今整治水军八十万,即与将军在吴地会战。"孙权把信拿给部属们看,无不惊叫失色。长史张昭等说:"曹公,是豺狼虎豹,挟持天子来征伐四方,动不动就说是朝廷的命令;今天抗拒他,事情就更显得大逆不道。况且将军可以用来抵御曹操的最为有利的就是长江。现在曹操得到荆州,占有其地,刘表训练的水军,艨艟战舰就数以千计,曹操派遣全部战船沿江东下,再加上步兵,水陆并进,这样,所谓长江天险他已和我们共有了,而双方势力的多少又不能相提并论。我们认为最好的办法是迎降曹操。"只有鲁肃一言不发。孙权起身上厕所,鲁肃追到屋檐下。孙权知道他的想法,握着鲁肃的手说:"你想说什么?"鲁肃说:"我刚才察辨众人的言论,都只是些贻误将军的意见,完全不能与他们图谋大事。现在我鲁肃可以迎降曹操,但将军就不能这样了。凭什么这么说呢?现在我迎降曹操,曹操就会让我还归乡里,根据我的名声和地位,至少还可以做一个曹从事,坐着牛车,有吏卒跟随,找一些名流贤士交结,步步升迁,还能做上州郡的长官。将军迎降曹操,打算到何处安身?希望早点定下大计,不要采用众人的意见!"孙权叹息道:"那些人的观点,很让我失望。现在你阐明的大计,正与我的想法一样。"

## 【原文】

时周瑜受使至番阳,肃劝权召瑜还。瑜至,谓权曰:"操虽托名汉相,其实汉贼也。将军以神武雄才,兼仗父兄之烈,割据江东,地方数千里,兵精足用,英雄乐业,当横行天下,为汉家除残去秽;况操自送死,而可迎之邪?请为将军筹之:今北土未平,马超、韩遂尚在关西,为操后患;而操舍鞍马,杖舟楫,与吴、越争衡;今又盛寒,马无藁草;驱中国士众远涉江湖之间,不习水土,必生疾病。此数者用兵之患也,而操皆冒行之。将军禽操,宜在今日。瑜请得精兵数万人,进住夏口,保为将军破之!"权曰:"老贼欲废汉自立久矣,徒忌二袁、吕布、刘表与孤耳;今数雄已灭,惟孤尚存。孤与老贼势不两立,君言当击,甚与孤合,此天以君授孤也。"因拔刀斫前奏案曰:"诸将吏敢复有言当迎操者,与此案同!"乃罢会。

**【译文】**

此时周瑜奉命到番阳,鲁肃劝孙权召周瑜回来。周瑜回来后,对孙权说:"曹操虽然名义上是汉朝的丞相,实际上是汉朝的窃国大盗。将军凭着神武雄才,再仰仗父兄的基业,独霸江东,疆域纵横几千里,军队精良足以用事,英雄豪杰乐于效命,应当横扫天下,为汉朝铲除残渣污秽;何况曹操自来送死,怎么可以迎接归降他呢?我请求为将军筹划一下:现在北方境内没有平定,马超、韩遂还在关西,是曹操的后患;而曹操舍弃骑兵,倚仗水军,来跟吴、越人抗衡;现在又是寒冬,战马没有草料;驱使中原的士兵远来南方的江湖一带,水土不服,必生疾病。这几点都是用兵的大忌,而曹操都冒险实行。将军捉拿曹操,就在今天!我请求统率几万精兵,进驻夏口,保证为将军击败曹军!"孙权说:"曹操这个老贼想废汉自立已经很久了,只是顾忌袁氏兄弟、吕布、刘表和我罢了;如今几位英雄已被他消灭,只有我还存在。我和老贼势不两立,你说应当迎击,跟我的意见完全契合,这是上天把你赐给我。"孙权乘势拔出战刀砍向面前的案桌,大声说:"众将官有胆敢再说应当迎降曹操的,跟这张案桌一样!"于是散会。

**【原文】**

是夜,瑜复见权曰:"诸人徒见操书言水步八十万而各恐慑,不复料其虚实,便开此议,甚无谓也。今以实校之:彼所将中国人不过十五六万,且已久疲;所得表众亦极七八万耳,尚怀狐疑。夫以疲病之卒御狐疑之众,众数虽多,甚未足畏。瑜得精兵五万,自足制之,愿将军勿虑!"权抚其背曰:"公瑾,卿言至此,甚合孤心。子布、元表诸人,各顾妻子,挟持私虑,深失所望;独卿与子敬与孤同耳,此天以卿二人赞孤也。五万兵难卒合,已选三万人,船粮战具俱办。卿与子敬、程公便在前发,孤当续发人众,多载资粮,为卿后援。卿能办之者诚决,邂逅不如意,便还就孤,孤当与孟德决之。"遂以周瑜、程普为左右督,将兵与备并力逆操;以鲁肃为赞军校尉,助画方略。

**【译文】**

这天晚上,周瑜又见孙权说:"众人只见曹操信中说有水军步兵八十万而各自惊恐,不再核计其中的虚实,就随便发出这种议论,真没有什么意义。现在据实核计:曹操率领的中原士兵不过十五六万,而且早已疲惫;所得到刘表的部队也最多七八万,还都心怀疑虑。以疲惫的军队去驾驭狐疑的部众,人数即便多,也完全不值得害怕。我只要有精兵五万,就足够制服敌人,请将军不必担心!"孙权抚着周瑜的背说:"公瑾,你说的这些,很合我的心意。张昭、秦松这些人,各自顾念妻子儿女,怀有私心,让人大失所望;只有你和鲁肃与我同心,这是上天派你们两人来辅佐我。五万人难一时聚结,已经挑选了三万人,船只、粮食、武器装备都备齐了。你和鲁肃、程普就在前面出发,我将继续调集人马,多运粮草,作为你的后援。你能对付曹操就一切都解决了,万一交战不如意,就回到我这里,我将跟曹操决一雌雄。"于是任命周瑜、程普为左右督,率兵与刘备合力迎击曹操;任命鲁肃为赞军校尉,帮助制定作战方案。

**【原文】**

刘备在樊口,日遣逻吏于水次候望权军。吏望见瑜船,驰往白备,备遣人慰劳之。瑜曰:"有军任,不可得委署;傥①能屈威,诚副其所望。"备乃乘单舸往见瑜,问曰:"今拒曹公,深为得计。战卒有几?"瑜曰:"三万人。"备曰:"恨少。"瑜曰:"此自足用,豫州但观瑜破之。"备欲呼鲁肃等共会语,瑜曰:"受命不得妄委署。若欲见子敬,可别过之。"备深愧喜。

**【注释】**

①傥(tǎng):连词,倘若,假使。

**【译文】**

刘备驻扎在樊口,每天派遣巡逻兵到江边眺望,等候孙权的军队。巡逻兵望见周瑜的船队,飞驰回营报告刘备,刘备派人慰劳周瑜。周瑜说:"我有军务在身,无法离开岗位,倘若刘豫州能屈尊光临,正是我所希望的。"刘备就乘一只小船去见周瑜,问:"如今抵御曹公,是很正确的决定。你有多少士兵?"周瑜说:"三万人。"刘备说:"可惜少了点。"周瑜说:"这就足够使用了,豫州就看我击败曹军吧。"刘备想喊来鲁肃等共同会晤,周瑜说:"他有军务在身不得随意离开岗位,如果想见他,可以另外去拜访他。"刘备听了这话深感惭愧,但又高兴。

**【原文】**

进,与操遇于赤壁。时操军众已有疾疫,初一交战,操军不利,引次江北。瑜等在南岸,瑜部将黄盖曰:"今寇众我寡,难与持久。操军方连船舰,首尾相接,可烧而走也。"乃取蒙冲斗舰十艘,载燥荻、枯柴,灌油其中,裹以帷幕,上建旌旗,豫备走舸,系于其尾。先以书遗操,诈云欲降。时东南风急,盖以十舰最著前,中江举帆,馀船以次俱进。操军吏士皆出营立观,指言盖降。去北军二里馀,同时发火,火烈风猛,船往如箭,烧尽北船,延及岸上营落。顷之,烟炎张天,人马烧溺死者甚众。瑜等率轻锐继其后,雷鼓大进,北军大坏①。操引军从华容道步走,遇泥泞,道不通,天又大风,悉使羸兵负草填之,骑乃得过。羸兵为人马所蹈藉,陷泥中,死者甚众。刘备、周瑜水陆并进,追操至南郡。时操军兼以饥疫,死者太半。操乃留征南将军曹仁、横野将军徐晃守江陵,折冲将军乐进守襄阳,引军北还。

**【注释】**

①大坏:大败,衰败。

**【译文】**

周瑜继续前进,与曹操在赤壁相遇。当时曹操的军队已发生流行性病疫。刚一交战,曹军失利,退军暂驻江北。周瑜等驻江南,周瑜的部将黄盖说:"如今敌众我寡,难以持久。曹操军队正在把船舰连在一起,首尾相接,可以火烧而使其败逃。"于是用艨艟战舰十艘,载着干荻和枯柴,把油灌在里面,外面用帷幕裹住,插上旌旗,准备好快船,系在船尾。黄盖事先写信给曹操,谎称想投降。这时东南风很大,黄盖率十艘艨艟舰在最前面,到江心升起船帆,其余的船依次前进。曹操军队的官兵都出营来站着观看,指着说是黄盖来降了。离江北曹军二里多远时,同时点火,火烈风猛,火船箭一般地冲过去,烧光了江北的敌船,大火延烧到岸上的军营。顷刻间,烈火浓烟,遮蔽天日,人马被烧死溺死的非常多。周瑜等率轻装精锐部队跟随其后,战鼓如雷声震天,曹军大败。曹操率军从华容道徒步逃跑,遇上道路泥泞,难以通行,天又刮起大风,曹操让所有老弱残兵背草填路,骑兵才得以通过。老弱残兵被人马践踏,陷入泥潭中,死的很多。刘备、周瑜水陆并进,追赶曹操到南郡。这时曹军又饿又病,死亡过半。曹操于是留下征南将军曹仁、横野将军徐晃守江陵,折冲将军乐进守襄阳,率军北回。

# 曹孟德唯才是举

【原文】

丞相掾①和洽言于曹操曰："天下之人，材德各殊，不可以一节取也。俭素过中，自以处身则可，以此格物②，所失或多。今朝廷之议，吏有著新衣、乘好车者，谓之不清；形容不饰、衣裘敝坏者，谓之廉洁。至令士大夫故污辱其衣，藏其舆服③；朝府大吏，或自挈壶飱以入官寺。夫立教观俗，贵处中庸，为可继也。今崇一概难堪之行以检殊涂，勉而为之，必有疲瘵。古之大教，务在通人情而已；凡激诡之行，则容隐伪矣。"操善之。

【注释】

①掾(yuàn)：古代辅佐官吏的通称。
②格物：衡量人或事物。
③舆服：指车和衣服。

【译文】

丞相的助手和洽对丞相曹操说："天下的人才，他们的才能品德，各有不同，不能根据一点取人。节俭朴素超过常限，这样对待自己是可以的，但是用来规范人或事物，那就往往产生偏差。如今朝廷这样看问题：官吏有穿新衣服、乘好车的，就说他不清白；而外貌不修饰、衣服破旧的，就说他廉洁。致使官员们故意弄脏自己的衣服，藏起了他们好的车子和穿戴；朝廷州府的大官，有的自己提着饭罐到官府办公。大凡确立政教，观察民俗，可贵的是不偏不倚，才是可以持续下去的。如今崇尚一项难以忍受的品行，而用来制约与之不同的其他方面，勉强这样做，势必会搞得人们倦怠、沮丧。古时候的伟大政教，务求做到通达人情罢了；凡是偏激怪异的做法，就都包藏着弄虚作假了。"曹操认为这话说得很对。

## 【原文】

十五年春，下令曰："孟公绰为赵、魏老则优，不可以为滕、薛大夫。若必廉士而后可用，则齐桓其何以霸世！二三子其佐我明扬仄陋①，唯才是举，吾得而用之！"

## 【注释】

①明扬仄陋：明扬，举用人才。仄陋，地位低下的人。这里指即使地位低下的人也要举荐。

## 【译文】

建安十五年春天，曹操下令说："孟公绰担任赵、魏这样大的公卿之家的大管家是很优秀的，但不能任用他去担当滕、薛这样小国的执政官员。倘若必须是清廉的人才而后才可以任用，那么齐桓公怎么能够称霸一世呢？大家帮助我显扬高明人士，即使出身微贱，也要推举，仅根据他们的才能举荐，我是能够任用他们的！"

# 前出师表

**【原文】**

三月,蜀丞相亮率诸军北驻汉中,使长史张裔、参军蒋琬统留府事。临发,上疏曰:

先帝创业未半而中道崩殂,今天下三分,益州疲弊,此诚危急存亡之秋也。然侍卫之臣不懈于内,忠志之士忘身于外者,盖追先帝之殊遇,欲报之于陛下也。诚宜开张圣听,以光先帝遗德,恢弘志士之气;不宜妄自菲薄,引喻失义,以塞忠谏之路也。

**【译文】**

三月,蜀汉丞相诸葛亮统率各路兵马向北进驻汉中,派长史张裔、参军蒋琬统管留守相府中的事务。临近出发,诸葛亮上疏说:

先帝开创的事业还未完成一半,就中途辞世了,如今天下三国鼎立,益州地盘弱小贫困,这的确是处在危急存亡之时啊。然而侍奉保卫陛下的臣子,在内政上毫无懈怠,忠心耿耿的将士们,在外奋不顾身,这是因为他们追念先帝的特殊厚遇,想要对陛下报恩呀。陛下的确应当广开言路,使先帝留下的美德发扬光大,使志士的气概得到传扬;而不应当过分地看轻自己,引用不恰当的比喻,违背道义以致阻塞了忠臣劝谏的言路。

**【原文】**

宫中、府中,俱为一体,陟罚臧否[①],不宜异同。若有作奸犯科及为忠善者,宜付有司论其刑赏,以昭陛下平明之理,不宜偏私,使内外异法也。

## 【注释】

①陟(zhì)罚臧否:提升、处罚、表扬、批评。

## 【译文】

皇宫中的侍臣和相府中的官员,都是一个整体,陛下对他们的升迁、处罚、表扬、批评,不应该有不同的标准。假若有人违法乱纪或是尽忠行善,应当交付有关主管部门去论定对他的奖赏和刑罚,来昭示陛下公平清明的理念,而不应该有偏袒,使宫内、宫外和府内、府外执法不一。

## 【原文】

侍中、侍郎郭攸之、费祎、董允等,此皆良实,志虑忠纯,是以先帝简拔以遗陛下。愚以为宫中之事,事无大小,悉以咨之,然后施行,必能裨补阙漏,有所广益。将军向宠,性行淑均①,晓畅军事,试用于昔日,先帝称之曰能,是以众议举宠为督。愚以为营中之事,悉以咨之,必能使行陈②和睦,优劣得所。

## 【注释】

①淑均:善良公正。
②行陈(zhèn):也作"行阵",军队行列、布阵打仗。

## 【译文】

侍中、侍郎郭攸之、费祎、董允等人,都是善良、诚实、意志忠贞不贰之士,因此先帝才选拔他们留给陛下。我认为宫中的事,无论大小,都可以先征求他们的意见,然后再施行,这样,就一定会有利于补救缺点和疏漏,获得更大的益处。将军向宠,性情良善,做事公平,通晓军事,从前试用过,先帝说他有才能,所以众人议论推举他为都督。我认为军营中的事,都可以问他,这样一定能使军队内部和睦,优秀的人才和低劣的人都各得其所。

## 【原文】

亲贤臣,远小人,此先汉所以兴隆也;亲小人,远贤臣,此后汉所以倾颓也。先帝在时,每与臣论此事,未尝不叹息痛恨于桓、灵也。侍中、尚书、长史、参军,此悉贞良、死节①之臣,愿陛下亲之,信之,则汉室之隆,可计日而待也。

## 【注释】

①死节:为守节义而死。

## 【译文】

亲信贤臣,疏远小人,这就是前汉所以兴盛的原因;亲信小人,疏远贤臣,这就是后汉所以倾覆衰败的原因。先帝在世时,每当与我谈论这些事,没有一次不为桓帝和灵帝而叹息、痛恨的。侍中、尚书、长史、参军,这些人都是正直良善,可为节义而死的臣子,希望陛下亲近他们,信任他们,那么,汉朝王室的兴盛,不要多久就可以实现。

## 【原文】

臣本布衣,躬耕南阳,苟全性命于乱世,不求闻达于诸侯。先帝不以臣卑鄙①,猥自枉屈,三顾臣于草庐之中,咨臣以当世之事;由是感激,遂许先帝以驱驰。后值倾覆,受任于败军之际,奉命于危难之间,尔来二十有一年矣。先帝知臣谨慎,故临崩寄臣以大事也。

【注释】

①卑鄙:卑贱鄙陋。

【译文】

我原本是平民,在南阳躬身耕地种田,在混乱的时世中苟且保全性命,不要求在诸侯中知名而显达。先帝不嫌我卑微鄙俗,三次谦意屈尊到草庐中来看望我,向我询问当代的大事;因此,我深受感动,于是答应为先帝奔走效劳。后来正值倾覆之时,我在战败中受任,在危难中奉命,从那时到现在已有二十一年了。先帝知道我做事谨慎,所以临终时把兴复汉室的大事托付给我。

【原文】

受命以来,夙夜忧叹,恐托付不效,以伤先帝之明。故五月渡泸,深入不毛。今南方已定,甲兵已足,当奖率三军,北定中原,庶竭驽钝,攘除奸凶,兴复汉室,还于旧都,此臣所以报先帝,而忠陛下之职分也。至于斟酌损益,进尽忠言,则攸之、祎、允之任也。愿陛下托臣以讨贼兴复之效,不效,则治臣之罪以告先帝之灵。若无兴德之言,则责攸之、祎、允等之慢以章其咎。陛下亦宜自谋,以咨诹善道,察纳雅言,深追先帝遗诏,臣不胜受恩感激。今当远离,临表涕零,不知所言。

【译文】

我自接受使命以来,日夜忧虑,唯恐先帝托付的大事没有成效,而损伤先帝的英明。所以我五月渡过泸水,深入到草木都不生长的荒凉之地。如今南方已经平定,盔甲武器已经充足,应当奖励和率领三军,向北平定中原,以便竭尽我低劣愚笨之力,铲除奸凶之敌,复兴汉室,回到原来的都城,这是我报答先帝、尽忠陛下所应尽的职责。至于斟酌损益,尽心进劝忠言之事,则是郭攸之、费祎、董允的责任。希望陛下把讨伐奸贼、复兴汉室的责任委托给我,若无成效,就治我的罪以告慰先帝在天之灵。如果陛下听不到发扬德政的言论,就应当责备郭攸之、费祎、董允的怠慢以显示他们的失职。陛下也应当亲自谋划,并询问治国的上策,审察采纳正确的建议,深刻追思先帝的遗诏,我将不胜感激陛下的恩德。现在我就要远离陛下,面对奏章禁不住涕泪俱下,不知道都说了些什么。

# 周处改过

**【原文】**

初,周鲂之子处,膂力①绝人,不修细行,乡里患之。处尝问父老曰:"今时和岁丰而人不乐,何邪?"父老叹曰:"三害不除,何乐之有!"处曰:"何谓也?"父老曰:"南山白额虎,长桥蛟,并子为三矣。"处曰:"若所患止此,吾能除之。"乃入山求虎,射杀之,因投水,搏杀蛟;遂从机、云受学,笃志读书,砥节砺行,比及期年,州府交辟。

**【注释】**

①膂(lǚ)力:体力,四肢的力量。

**【译文】**

当初,周鲂的儿子周处体力超人,但不注意生活细节,家乡人都忧虑这件事。周处曾经问乡间老人:"现在风调雨顺年景好,可人们并不那么快乐,这是怎么回事呢?"老人慨叹说:"不除掉三害,就谈不上有什么快乐!"周处说:"这是指什么?"老人说:"南山的白额猛虎,长桥水里的蛟龙,再加上你,就够上三样啦!"周处说:"假如大家所忧虑的就是这些,那我能够除掉它们!"于是进山找到猛虎,射死了它,接着跳入河水,打死蛟龙;然后亲自向陆机、陆云学习,专心读书,磨炼气节品行,一年后,州府衙门争相召请他去任职。

# 陶侃惜分阴

【原文】

陶侃少孤贫,为郡督邮,长沙太守万嗣过庐江,见而异之,命其子结友而去。后察孝廉,至洛阳,豫章国郎中令杨晫荐之于顾荣,侃由是知名。

【译文】

陶侃年轻时父亲就去世了,家境贫寒,在庐江郡里当督邮。长沙郡太守万嗣经过庐江郡,看见陶侃,认为他与众不同。万嗣就叫他的儿子和陶侃结交为朋友,之后分别。过了一段时间,陶侃被庐江郡太守张夔推举为孝廉,到了都城洛阳,豫章王国的郎中令杨晫就把陶侃推荐到中书侍郎顾荣那里去,陶侃从此出了名。

【原文】

建兴三年,侃在广州无事,辄朝运百甓①于斋外,暮运于斋内。人问其故,答曰:"吾方致力中原,过尔优逸,恐不堪事,故自劳耳。"

【注释】

①甓(pì):砖。

【译文】

晋愍帝建兴三年(315),陶侃在广州刺史任上比较空闲,常常早上运一百块砖到书房外,晚上又把砖运回书房里。有人问他这样做的原因,陶侃回答道:"我正要努力去恢复中原,过于清闲安乐,以后恐怕担当不了重任,因此要使自己劳累。"

## 【原文】

太宁三年,五月,以陶侃为征西大将军,都督荆、湘、雍、梁四州诸军事。荆州刺史,荆州士女相庆。侃性聪敏恭勤,终日敛膝危坐,军府众事,检摄无遗,未尝少闲。常语人曰:"大禹圣人,乃惜寸阴,至于众人,当惜分阴。岂可但逸游荒醉,生无益于时,死无闻于后,是自弃也!"诸参佐或以谈戏废事者,命取其酒器、蒲博[1]之具,悉投之于江,将吏则加鞭扑,曰:"樗蒲者,牧猪奴戏耳!老、庄浮华,非先王之法言,不益实用。君子当正其威仪,何有蓬头、跣足[2],自谓宏达耶!"有奉馈者,必问其所由,若力作所致,虽微必喜,慰赐参倍;若非理得之,则切厉诃辱,还其所馈。尝出游,见人持一把未熟稻,侃问:"用此何为?"人云:"行道所见,聊取之耳。"侃大怒曰:"汝既不佃,而戏贼人稻!"执而鞭之。是以百姓勤于农作,家给人足。尝造船,其木屑竹头,侃皆令籍而掌之,人咸不解所以。后正会,积雪始晴,听事前余雪犹湿,乃以木屑布地。及桓温伐蜀,又以侃所贮竹头作钉装船。其综理微密,皆此类也。

## 【注释】

[1]蒲(pú)博:古代一种博戏,后泛指赌博。
[2]跣足:赤脚。

## 【译文】

　　晋明帝太宁三年(325)五月,任命陶侃为征西大将军,都督荆、湘、雍、梁四州军事。荆州刺史,荆州地方的男女百姓听到这个消息后,都互相庆贺。陶侃秉性聪明机敏,对人恭敬,做事勤恳,整天认真严肃地坐着办理公事,营署里许多的事情,检查管理,没有疏忽遗漏的地方,也没有空闲的时间。陶侃经常告诫别人说:"古代治水有功的大禹是位圣人,他尚且爱惜每一寸光阴,至于我们这些普通人,更应当爱惜每一寸光阴。怎么可以只图尽管玩乐、过度喝酒以至大醉呢!活着的时候对社会没有贡献,死去以后也没有留下美好的声名,这是在糟蹋自己啊!"陶侃的一些部下,有的因清谈、喝酒、赌博之类耽误了公事,他就叫人把酒器、赌具没收,全部丢到长江里。如果军官犯了这类毛病,还要鞭打责罚,并且教育他们:"赌博这玩意儿,只有那些放猪的才去玩它!至于老聃、庄周,讲些华而不实的言论,不是古代贤明君主所讲的值得效法的言论,不利于实际运用。正派的人应该端正自己的衣着,检点自己的仪表,哪有蓬头散发、光着脚板的人自认为这是不拘小节、胸怀旷达的呢!"有人给他送礼物,陶侃一定要问送这礼物的缘由,假若是自己花劳力得来的,虽然很少,也一定很高兴地收下,并且以三倍的礼物回送;如果礼物是用不正当的手段得到的,陶侃就会大声呵斥辱骂送礼的人,原封不动地退回礼物。有一回,陶侃到郊外去游览,看到一个人拿着一把还未成熟的稻穗,陶侃马上就问:"拔取这些东西干什么?"那人回答道:"走在路上看见它,随便拔一把罢了。"陶侃大怒道:"你既然不耕种土地,为什么随便糟蹋人家的稻穗!"陶侃不客气地把那人抓起来,并用鞭子抽打他。因此,老百姓都辛勤地从事农业生产,家家生活宽裕,人人丰衣足食。军府曾经造船,那些木屑竹头,陶侃都命人登记后收藏起来,大家都不理解这样做的原因。后来,碰上正月初一集会,雪后天晴,官府前面积雪正在融化,还潮湿得很,于是陶侃命人用木屑铺地,便于大家行走。等到安西将军桓温准备攻打西蜀的时候,又把陶侃所贮存的竹头拿出来,供造船时制作竹钉使用。陶侃料理事务全面又精细周密,大都类似以上情况。

【原文】

　　侃在军四十一年,明毅善断,识察纤密,人不能欺;自南陵迄于白帝,数千里中,路不拾遗。

【译文】

　　陶侃在军队里工作了四十一年,精明果敢,善于判断,观察事物细致周密,别人不能欺骗他;陶侃管辖的地方很多,从南陵一直到白帝城,方圆几千里内都很太平,甚至东西丢失在路上也没有人拾为己有。

# 淝水之战

**【原文】**

晋武帝太元七年,冬,十月,秦王坚会群臣于太极殿,议曰:"自吾承业,垂三十载,四方略定,唯东南一隅,未沾王化。今略计吾士卒,可得九十七万,吾欲自将以讨之,何如?"秘书监朱肜曰:"陛下恭行天罚,必有征无战,晋主不衔璧军门[①],则走死江海,陛下返中国士民,使复其桑梓[②],然后回舆东巡,告成岱宗,此千载一时也。"坚喜曰:"是吾志也。"

**【注释】**

①衔璧军门:口衔玉璧到军营门前,这里指投降。
②桑梓:古时人们喜欢在住宅周围栽植桑树和梓树,后来人们用桑梓代指处所,这里指故乡、家园。

**【译文】**

晋孝武帝太元七年(382),冬,十月,秦王苻坚在太极殿召集文武官员,商议说:"自从我继承大业以来,将近三十年了,四方治理平定,只有东南一角,尚未蒙受帝王的教化。现在大略统计我们的兵士,可以达到九十七万,我想亲自率军讨伐东南,怎么样?"秘书监朱肜说:"陛下恭敬地奉行上天的意志去进行惩罚,必定不会遇到抵抗,晋国君主如不口衔璧玉到军营前投降,也会逃跑奔走,死在江海之上,陛下遣返从中原逃亡到东南的官吏百姓,让他们回到故乡,然后回转御驾向东巡视,在岱宗向上天奉告成功,这是千载难逢的时机。"苻坚高兴地说:"这正是我的愿望。"

## 【原文】

尚书左仆射权翼曰:"昔纣为无道,三仁在朝,武王犹为之旋师。今晋虽微弱,未有大恶;谢安、桓冲皆江表伟人,君臣辑睦,内外同心。以臣观之,未可图也!"坚嘿然①良久,曰:"诸君各言其志。"

## 【注释】

①嘿然:沉默。

## 【译文】

尚书左仆射权翼说:"从前商纣王暴虐无道,只因三位仁人仍在朝中,周武王还是为之退兵。现在晋国虽然微弱,但没有很大的罪恶;谢安、桓冲都是江南的杰出人物,君臣和睦,内外同心协力。依臣下看来,不可以谋取。"苻坚沉默了很久,说:"诸位请谈谈自己的看法。"

## 【原文】

太子左卫率石越曰:"今岁镇守斗①,福德在吴,伐之,必有天殃。且彼据长江之险,民为之用,殆未可伐也!"坚曰:"昔武王伐纣,逆岁违卜。天道幽远,未易可知。夫差、孙皓皆保据江湖,不免于亡。今以吾之众,投鞭于江,足断其流,又何险之足恃②乎!"对曰:"三国之君皆淫虐无道,故敌国取之,易于拾遗。今晋虽无德,未有大罪,愿陛下且案兵积谷,以待其衅③。"于是群臣各言利害,久之不决。坚曰:"此所谓筑室道旁,无时可成。吾当内断于心耳!"

## 【注释】

①岁镇守斗：岁，木星。镇，土星。斗，星宿名，二十八宿之一，斗宿的分野在吴地。

②恃：依赖，倚仗。

③衅：间隙，破绽，机会。

## 【译文】

太子左卫率石越说："今年岁星镇星停留在斗宿，福祥在吴地，讨伐吴地必定有天灾。而且他们占有长江天险，民众又为他们效命，恐怕不可以讨伐。"苻坚说："从前周武王讨伐商纣王时，也曾冲犯岁星，违背卜辞。天道隐微渺茫，不容易得知。夫差、孙皓都曾据守长江太湖，终究不免于灭亡。现在凭我们众多的兵士，把马鞭投入长江，也足以截断流水，他们又有什么险阻可以倚仗呢？"石越回答说："三个国家的君主都荒淫凶暴，没有君主的道义，所以敌国攻取他们，比拾取掉在地上的物品还容易。现在晋国虽然没有德行，也没有很大的罪恶，希望陛下暂且休整军队，积蓄粮食，等待时机。"这时，臣属们各自陈述进军的利弊，很久不能作出决议。苻坚说："这好比人们所说的在道路旁建筑房子，向过路人征询意见就无法建成。我将凭我内心的想法来决断了！"

## 【原文】

群臣皆出，独留阳平公融，谓之曰："自古定大事者，不过一二臣而已。今众言纷纷，徒乱人意，吾当与汝决之。"对曰："今伐晋有三难：天道不顺，一也；晋国无衅，二也；我数战兵疲，民有畏敌之心，三也。群臣言晋不可伐者，皆忠臣也，愿陛下听之。"坚作色曰："汝亦如此，吾复何望！吾强兵百万，资仗如山；吾虽未为令主，亦非暗劣。乘累捷之势，击垂亡之国，何患不克，岂可复留此残寇,使长为国家之忧哉!"融泣曰:"晋未可灭,昭然甚明。今劳师大举,恐无万全之功。且臣之所忧,不止于此。陛下宠育鲜卑、羌、羯,布满畿甸,此属皆我之深仇。太子独与弱卒数万留守京师,臣惧有不虞之变生于腹心肘腋,不可悔也。臣之顽愚,诚不足采;王景略一时英杰,陛下常比之诸葛武侯,独不记其临没之言乎!"坚不听。于是朝臣进谏者众,坚曰:"以吾击晋,校其强弱之势,犹疾风之扫秋叶,而朝廷内外皆言不可,诚吾所不解也!"

**【译文】**

臣属们都退出了,唯独留下阳平公苻融,苻坚对他说:"自古以来决断大事的,不过一二个大臣而已。现在众人议论纷纷,只会扰乱人的意念,我将和你决断这件事。"苻融回答说:"现在讨伐晋国有三方面的困难:和上天的意旨不相符合,这是第一个方面;晋国内部没有裂痕,这是第二个方面;我们频繁征战,军队疲劳,民众有畏惧敌人的心理,这是第三个方面。那些说晋国不可征伐的臣属,都是忠臣,希望陛下听从他们的意见。"苻坚脸上变色,说:"你也这样讲,我还有什么指望!我们有百万强兵,资财兵器堆积如山;我虽然不是英明君主,也不是昏庸之辈。乘着屡战屡胜的势头,攻打即将灭亡的国家,何必担忧不能取胜?怎么能再留下这批残余的敌寇,使他们长久地成为国家的忧患呢?"苻融哭着说:"晋国不能消灭,是十分清楚的。现在劳累军队大规模出动,恐怕没有万无一失的成功把握。而且臣下所担忧的,不仅仅在此。陛下宠信培育鲜卑人、羌人、羯人,布满了京城内外,这些人都对我们有深仇大恨。太子单独和几万瘦弱的兵士留守京城,臣下担心不可预测的变乱在心腹地带发生,那就后悔不及了。臣下愚昧,见解实在不值得采纳;但王景略是一代豪杰,陛下时常把他比作诸葛武侯,难道不记得他临死时所说的话吗?"苻坚不听从。这时,朝廷官员中进言规劝的很多,苻坚说:"以我们的兵力攻打晋国,比较双方强弱的形势,就好比狂风吹落秋天将要脱落的树叶,可是朝廷内外都说不可以,这实在是我所不理解的!"

**【原文】**

太子宏曰:"今岁在吴分,又晋君无罪,若大举不捷,恐威名外挫,财力内竭,此群下所以疑也!"坚曰:"昔吾灭燕,亦犯岁而捷,天道固难知也。秦灭六国,六国之君岂皆暴虐乎!"

**【译文】**

太子苻宏说:"现在岁星处在吴地对应的天际,加上晋国君主没有罪恶,如果大规模出兵不能取胜,恐怕会使声威在外面受到损害,而内部财力枯竭,这是臣属们感到疑虑的!"苻坚说:"从前我们灭掉燕国,也是冲犯岁星而取胜的,天道本来就难以测知。秦国灭掉六国,六国的君主难道都暴虐无道吗?"

**【原文】**

冠军、京兆尹慕容垂言于坚曰:"弱并于强,小并于大,此理势自然,非难知也。以陛下神武应期,威加海外,虎旅百万,韩、白满朝,而蕞尔[1]江南,独违王命,岂可复留之以遗子孙哉!《诗》云:'谋夫孔多,是用不集。'陛下断自圣心足矣,何必广询朝众!晋武平吴,所仗者张、杜二三臣而已,若从朝众之言,岂有混壹之功[2]乎!"坚大悦,曰:"与吾共定天下者,独卿而已。"赐帛五百匹。

**【注释】**

[1]蕞(zuì)尔:渺小的样子。
[2]混壹之功:统一天下的功勋。混壹,统一。

## 【译文】

冠军将军、京兆尹慕容垂向苻坚进言说:"弱国被强国兼并,小国被大国兼并,这是自然的道理和情势,是不难得知的。陛下神明英武,顺应天意,声威远播海外,强兵多达百万,韩信、白起那样的将领布满朝廷。而狭小的江南地区,独自违背君王的命令,怎么能再把他们留下来交给子孙后代去了结呢?《诗经》说:'谋划人员一大串,不可能有集中的意见。'陛下凭圣明的主张决断就足够了,何必广泛征询朝中众多官员意见?晋武帝平定吴国,所倚仗的不过张华、杜预两三个大臣而已,如果听从朝中官员的意见,哪里有统一天下的功勋?"苻坚非常高兴地说:"和我一同平定天下的,只有你一人而已。"赏赐给慕容垂五百匹布帛。

## 【原文】

坚锐意欲取江东,寝不能旦。阳平公融谏曰:"'知足不辱,知止不殆。'自古穷兵极武,未有不亡者。且国家本戎狄也,正朔①会不归人。江东虽微弱仅存,然中华正统,天意必不绝之。"坚曰:"帝王历数,岂有常邪?惟德之所在耳!刘禅岂非汉之苗裔邪,终为魏所灭。汝所以不如吾者,正病此不达变通耳!"

## 【注释】

①正朔:正,一年的开始。朔,一月的开始。古代改朝换代,要改定正朔,颁布新历法。这里指统治权。

## 【译文】

苻坚专心一意地想攻取江东,睡不到天亮就起来了。阳平公苻融规劝说:"'知道满足就不会受到侮辱,知道适可而止就不会遇到危险。'自古以来,动用所有兵力肆意发动战争的国家,没有不灭亡的。而且主上本是戎狄之人,统治权大概不会归于自己的。江东虽然衰微薄弱,仅能生存,但却是中华正统,天意必定不会灭绝他们。"苻坚说:"帝王的气运,哪有一成不变的呢?只看谁有恩德而已!刘禅不是汉朝的后裔吗,但最终被魏国灭亡。你之所以不如我,正是因为如此不知变通!"

## 【原文】

坚素信重沙门道安,群臣使道安乘间进言。十一月,坚与道安同辇游于东苑,坚曰:"朕将与公南游吴、越,泛长江,临沧海,不亦乐乎!"安曰:"陛下应天御世,居中土而制四维,自足比隆尧、舜,何必栉风沐雨,经略遐方乎!且东南卑湿,沴气易构,虞舜游而不归,大禹往而不复。何足以上劳大驾也!"坚曰:"天生烝民而树之君,使司牧之,朕岂敢惮劳,使彼一方独不被泽乎!必如公言,是古之帝王皆无征伐也!"道安曰:"必不得已,陛下宜驻跸洛阳,遣使者奉尺书于前,诸将总六师于后,彼必稽首入臣,不必亲涉江、淮也。"坚不听。

## 【译文】

苻坚一向信任、敬重僧徒道安,文武官员让道安寻找机会进言。十一月,苻坚和道安同乘一车,在东苑游玩,苻坚说:"我将和你往南游玩吴、越,泛舟长江,到达大海,不也是很快乐的吗?"道安说:"陛下顺应天命,治理天下,身处中原而控制四方,自然足以同尧、舜盛世比美,何必奔波劳碌,不顾风雨,经营谋划远方呢?况且东南地区低洼潮湿,容易沾染灾气,虞舜巡察后不能归来,大禹前往后不能返回,哪里值得劳您的大驾呢?"苻坚说:"上天生育民众而为他们树立君主,让他管理他们,我怎敢畏惧辛劳,唯独使东南一方的民众不蒙受恩泽呢?如果一定像你所说的那样,那么古代帝王就都没有征战攻伐了!"道安说:"逼不得已的话,陛下应该停留在洛阳,派遣使者先去送信,各将统领六军随后进发,他们必定前来叩头称臣,不必烦劳陛下亲自渡过长江、淮河。"苻坚不听从。

【原文】

坚所幸张夫人谏曰:"妾闻天地之生万物,圣王之治天下,皆因其自然而顺之,故功无不成。是以黄帝服牛乘马,因其性也;禹浚①九川,障九泽,因其势也;后稷播殖百谷,因其时也;汤、武帅天下而攻桀、纣,因其心也。皆有因则成,无因则败。今朝野之人皆言晋不可伐,陛下独决意行之,妾不知陛下何所因也。《书》曰:'天聪明自我民聪明。'天犹因民,而况人乎!妾又闻王者出师,必上观天道,下顺人心。今人心既不然矣,请验之天道。谚云:'鸡夜鸣者不利行师,犬群嗥者宫室将空,兵动马惊,军败不归。'自秋、冬以来,众鸡夜鸣,群犬哀嗥,厩马多惊,武库兵器自动有声,此皆非出师之祥也。"坚曰:"军旅之事,非妇人所当预也!"

【注释】

①浚:疏通,挖出水中的淤泥。

【译文】

苻坚所宠爱的张夫人规劝说:"臣妾听说天地生养万物,圣明君王治理天下,都是依据自然趋势而顺应它,所以没有不成功的。因此黄帝用牛拉车,以马载人,是顺应它们的本性;大禹疏通九条大河,挡住九处泽陂,是顺应它们的地势;后稷播种、繁殖各种谷物,是顺应它们的时令;商汤、周武王率领天下军队攻打夏桀、商纣王,是顺应民众的心愿。这些都是有所依据就成功,没有依据就失败。现在朝野人士都说晋国不能讨伐,陛下却独自决心去攻打,我不知道陛下是依据什么。《尚书》说:'上天的视听来自于我民众的视听。'上天还要顺应民众,何况是人呢?臣妾又听说圣明的君王出兵,必定上观天意,下顺民心。现在人心已不赞同出兵了,请再验证一下天意。谚语说:'鸡在夜里啼叫出兵不吉利,狗成群狂吠宫室将成空地,兵器发声马匹受惊,军队失败不能回归。'自从秋、冬以来,众多的鸡在夜里啼叫,成群的狗悲哀地狂吠,厩房的马匹多次受惊,武库里的兵器自行发出声音,这都不是出兵的好兆头。"苻坚说:"行军打仗的事,不是女人所应当参与的!"

## 【原文】

坚幼子中山公诜最有宠,亦谏曰:"臣闻国之兴亡,系贤人之用舍。今阳平公,国之谋主,而陛下违之;晋有谢安、桓冲,而陛下伐之,臣窃惑之。"坚曰:"天下大事,孺子安知!"……

## 【译文】

苻坚的小儿子中山公苻诜最受宠爱,也规劝说:"臣下听说国家的兴盛衰亡,取决于对贤人的起用或舍弃。现在阳平公是国家的主要谋士,陛下却不听他的意见;晋国拥有谢安、桓冲,陛下却去攻打。微臣私下里感到疑惑。"苻坚说:"天下大事,小孩子知道什么!"……

## 【原文】

晋武皇帝太元八年,秦王坚下诏大举入寇,民每十丁遣一兵;其良家子年二十已下,有材勇者,皆拜羽林郎。又曰:"其以司马昌明为尚书左仆射,谢安为吏部尚书,桓冲为侍中;势还不远,可先为起第。"良家子至者三万馀骑,拜秦州主簿金城赵盛之为少年都统。是时,朝臣皆不欲坚行,独慕容垂、姚苌及良家子劝之。阳平公融言于坚曰:"鲜卑、羌虏,我之仇雠①,常思风尘之变以逞其志,所陈策画,何可从也!良家少年皆富饶子弟,不闲军旅②,苟为谄谀之言以会陛下之意耳。

今陛下信而用之,轻举大事,臣恐功既不成,仍有后患,悔无及也!"坚不听。

## 【注释】

①仇雠(chóu):仇人。
②不闲军旅:不熟悉军队里的事情。闲,熟习。

## 【译文】

晋孝武帝太元八年(383),秦王苻坚下诏大规模进犯晋境,民众每十个成年男子里面派一人当兵;年龄在二十岁以下的良家子弟,只要勇敢而有才能的,都任命为羽林郎。又说:"我委派司马昌明担任尚书左仆射,谢安担任吏部尚书,桓冲担任侍中;依情势估计,我们马上就可凯旋,可以先替他们盖好住宅。"良家子弟前来报到的有三万多人,于是任命秦州主簿金城赵盛之为少年都统来率领他们。这时,朝中大臣都不愿意苻坚出兵,只有慕容垂、姚苌以及那些良家子弟鼓动他兴师伐晋。阳平公苻融向苻坚进言说:"鲜卑人慕容垂、羌人姚苌,都是我们的仇敌,常常想要乘变乱之机以实现他们复国的愿望,他们所陈述的策略计划,怎么可以听从呢!良家少年都是富裕家庭的子弟,不熟悉军队里的事情,只不过随意讲些谄媚阿谀的话来迎合陛下的心意罢了。现在陛下相信他们而加以任用,轻率地发动这样大的战事,臣下担心不仅不能成功,而且还有后患,到时候就是后悔也来不及了啊!"苻坚听不进他的话。

## 【原文】

八月,戊午,坚遣阳平公融督张蚝、慕容垂等步骑二十五万为前锋;以兖州刺史姚苌为龙骧将军,督益、梁州诸军事。坚谓苌曰:"昔朕以龙骧建业,未尝轻以授人,卿其勉之!"左将军窦冲曰:"王者无戏言,此不祥之征也!"坚默然。

【译文】

八月,初二,苻坚派遣阳平公苻融统领张蚝、慕容垂等部下步兵骑兵共二十五万人充当前锋;委派兖州刺史姚苌担任龙骧将军,督理益州、梁州等地的军情事宜。苻坚对姚苌说:"往日我是由做龙骧将军而建立帝业的,此后未曾轻易将这个名号授予别人,望你好好勉励自己!"左将军窦冲说:"君王不可讲玩笑话,这是不吉祥的兆头啊!"苻坚沉默不语。

【原文】

慕容楷、慕容绍言于慕容垂曰:"主上骄矜已甚,叔父建中兴之业,在此行也!"垂曰:"然。非汝,谁与成之!"

【译文】

慕容楷、慕容绍对慕容垂说:"秦王骄傲自大已到了极点,叔父建立复兴燕国的大业,就在这一趟吧!"慕容垂说:"是的。除了你们,还有谁能与我共同完成这一件大事呢!"

【原文】

甲子,坚发长安,戎卒六十馀万,骑二十七万,旗鼓相望,前后千里。九月,坚至项城,凉州之兵始达咸阳,蜀、汉之兵方顺流而下,幽、冀之兵至于彭城,东西万里,水陆齐进,运漕万艘。阳平公融等兵三十万,先至颍口。

【译文】

初八,苻坚从长安出发,率领着步兵六十多万、骑兵二十七万,旌旗相望,战鼓相闻,队伍有千里之长。九月,苻坚到达了项城,凉州的军队才到达咸阳,巴蜀、汉水地区的军队刚沿着长江东下,幽州、冀州的军队已经到达彭城。从东到西全长达到万里,水路陆路同时前进,运粮的船只多至万艘。阳平公苻融等率领的三十万军队,首先到达颍口。

## 【原文】

诏以尚书仆射谢石为征虏将军、征讨大都督,以徐、兖二州刺史谢玄为前锋都督,与辅国将军谢琰、西中郎将桓伊等众共八万拒之;使龙骧将军胡彬以水军五千援寿阳。琰,安之子也。

## 【译文】

晋孝武帝于是下诏委派尚书仆射谢石担任征虏将军、征讨大都督,委派徐、兖二州刺史谢玄担任前锋都督,与辅国将军谢琰、西中郎将桓伊等将领共同率领八万人的军队,抵御苻坚;又命令龙骧将军胡彬带领水军五千人,去援助寿阳守军。谢琰,是谢安的儿子。

## 【原文】

是时,秦兵既盛,都下震恐。谢玄入,问计于谢安,安夷然,答曰:"已别有旨。"既而寂然。玄不敢复言,乃令张玄重请。安遂命驾出游山墅,亲朋毕集,与玄围棋赌墅。安棋常劣于玄,是日,玄惧,便为敌手而又不胜。安遂游陟,至夜乃还。桓冲深以根本为忧,遣精锐三千入援京师。谢安固却之,曰:"朝廷处分已定,兵甲无阙,西藩宜留以为防。"冲对佐吏叹曰:"谢安乃有庙堂之量,不闲将略。今大敌垂至,方游谈不暇,遣诸不经事少年拒之,众又寡弱,天下事已可知,吾其左衽①矣!"……

**【注释】**

①吾其左衽:我们将要穿外族服装了。左衽,古代少数民族的服装前襟向左掩,不同于中原右衽,后用"左衽"为外族统治的代称。

**【译文】**

这时,秦军声势浩大,京城里人们都感到震惊恐惧。谢玄到谢安住处,向他询问应敌的策略,谢安神色自若地说:"朝廷已经另外有命令。"说完就不作声了。谢玄不敢再问,就让张玄再去请示。谢安于是吩咐备车,到山中别墅里去游玩,亲戚朋友都被邀约到了那里,谢安就与谢玄下围棋,而以别墅为赌注。谢安棋力平日逊于谢玄,这一天,谢玄心中恐惧,只能成为水平相当的对手,还不能取胜。下完棋,谢安又游山玩水,到深夜才归家。桓冲十分担心京城的安危,就派遣三千名精锐的士兵回京加强防守。谢安坚决不要,说:"朝廷已经部署好了,军队和武器都不缺乏,这部分兵力你们应留着以加强西边的防御力量。"桓冲对辅佐官员感叹道:"谢安有宰相的气量,但不具备将帅应有的韬略。现在强大的敌人马上就要到了,还一个劲地游山玩水,只派遣一些没有战争经验的年轻人去抵抗敌人,而且兵士又少又弱,天下大事的结局已可预测,我们将要穿外族服装了!"……

**【原文】**

冬,十月,秦阳平公融等攻寿阳;癸酉,克之,执平虏将军徐元喜等。融以其参军河南郭褒为淮南太守。慕容垂拔郧城。胡彬闻寿阳陷,退保硖石,融进攻之。秦卫将军梁成等帅众五万屯于洛涧,栅淮以遏东兵。谢石、谢玄等去洛涧二十五里而军,惮成,不敢进。胡彬粮尽,潜遣使告石等曰:"今贼盛,粮尽,恐不复见大军!"秦人获之,送于阳平公融。融驰使白秦王坚曰:

"贼少易擒,但恐逃去,宜速赴之!"坚乃留大军于项城,引轻骑八千,兼道就融于寿阳。遣尚书朱序来说谢石等以"强弱异势,不如速降"。序私谓石等曰:"若秦百万之众尽至,诚难与为敌。今乘诸军未集,宜速击之;若败其前锋,则彼已夺气,可遂破也。"

## 【译文】

冬,十月,秦国阳平公苻融等人攻打寿阳;十八日,攻下来了,活捉平虏将军徐元喜等人。苻融委派他的参军河南人郭褒担任淮南太守。慕容垂也攻下了郧城。胡彬听到寿阳失陷的消息,退守到硖石,苻融又向硖石进攻。秦国卫将军梁成等人率兵五万驻扎在洛涧,在淮河边插上木栅栏,阻挡从东面来增援的晋军。谢石、谢玄的军队在距离洛涧二十五里的地方驻扎下来,惧怕梁成而不敢前进。胡彬军队的粮食已经吃完,暗地派使者去告诉谢石等人说:"现在敌军强盛,我们的粮食又已用光,恐怕再也见不到大部队了!"使者被秦兵抓获,送到了阳平公苻融那里。苻融立即派使者骑快马报告秦王苻坚说:"敌军士兵少,容易消灭,只是怕他们逃跑,应该迅速进攻他们!"苻坚于是将主力部队留在项城,带领轻装的骑兵八千人,日夜兼程赶路到寿阳与苻融会合。派遣尚书朱序到晋国军营中游说谢石等人说:"双方力量对比差距太大,不如赶快投降。"然而朱序却在私下里对谢石等人说:"如果秦国的百万大军全部赶到,实在难以同他们对抗。现在应乘他们的军队没有到齐,马上进攻他们;如果打败了秦国的先头部队,他们的锐气就被打掉了,就可趁势把他们完全击溃。"

## 【原文】

石闻坚在寿阳,甚惧,欲不战以老秦师。谢琰劝石从序言。十一月,谢玄遣广陵相刘牢之帅精兵五千人趣洛涧,未至十里,梁成阻涧为陈以待之。牢之直前渡水,击成,大破之,斩成及弋阳太守王咏,又分兵断其归津,秦步骑崩溃,争赴淮水,士卒死者万五千人。执秦扬州刺史王显等,尽收其器械军实。于是谢石等诸军水陆继进。秦王坚与阳平公融登寿阳城望之,见晋兵部阵严整,又望见八公山上草木,皆以为晋兵,顾谓融曰:"此亦劲敌,何谓弱也!"怃然始有惧色。

**【译文】**

谢石听说苻坚在寿阳,非常恐惧,想不出战而使秦国军队逐渐丧失斗志。谢琰劝说谢石听从朱序的建议。十一月,谢玄派遣广陵相刘牢之率领精锐士兵五千人赶往洛涧,离洛涧还有十里的路程,梁成就在洛涧对岸摆开阵势等待他们。刘牢之径直向前渡过河流,进攻梁成的军队,把梁成的军队打得大败,杀死了梁成和弋阳太守王咏,又分出一部分兵力去截断他们撤退时必经的渡口,秦国的步兵骑兵全部溃散,争先跳进淮水希望渡过去,死亡的有大约一万五千人。刘牢之的部队还俘虏了秦国的扬州刺史王显等人,全部收缴了他们的兵器和粮草。于是谢石等各路军队,就从水路陆路继续前进。秦王苻坚和阳平公苻融登上寿阳城观望,看到晋国的军队部署的阵势非常整齐,又远远望见八公山上的树木柴草,以为都是晋国的士兵,苻坚回头对苻融说:"这也是强大的敌人,怎么能说他们薄弱呢?"心中有些失望,开始露出恐惧的神色。

**【原文】**

秦兵逼淝水而陈,晋兵不得渡。谢玄遣使谓阳平公融曰:"君悬军深入,而置陈逼水,此乃持久之计,非欲速战者也。若移陈小却,使晋兵得渡,以决胜负,不亦善乎!"秦诸将皆曰:"我众彼寡,不如遏之,使不得上,可以万全。"坚曰:"但引兵少却,使之半渡,我以铁骑蹙而杀之，蔑不胜矣！"融亦以为然，遂麾兵使却。秦兵遂退，不可复止。谢玄、谢琰、桓伊等引兵渡水击之。融驰骑略陈，欲以帅退者，马倒，为晋兵所杀，秦兵遂溃。玄等乘胜追击，至于青冈；秦兵大败，自相蹈藉①而死者，蔽野塞川。其走者闻风声鹤唳，皆以为晋兵且至，昼夜不敢息，草行露宿，重以饥冻，死者什七八。初，秦兵小却，朱序在陈后呼曰："秦兵败矣！"众遂大奔。序因与张天锡、徐元喜皆来奔。获秦王坚所乘云母车及仪服器械、军资珍宝畜产不可胜计。复取寿阳，执其淮南太守郭褒。

【注释】

①蹈藉：践踏。

【译文】

秦国军队紧靠淝水列阵，晋国军队不能够渡江。谢玄派遣使者对阳平公苻融说："您孤军深入，而且紧挨水边摆下阵势，这是长期相持的办法，不是想快速作战的样子。如果您能把阵势稍微向后退一点，让晋国军队可以渡河，同秦军一战而定胜负，不也是很好的吗？"秦国的将领都说："我们的军队人多，他们的军队人少，不如就这样阻止他们，使他们不能上岸，可以万无一失。"苻坚说："只是将部队向后退一点，在他们过河过到一半的时候，我们用强大的骑兵冲杀过去，没有不能胜利的！"苻融也认为这样很好，于是就指挥部队向后退却。秦国军队这样向后一退，就没有办法再停止下来。谢玄、谢琰、桓伊等人率领军队乘机渡河，向秦军发起进攻。苻融骑马巡行军阵，想率领正在退却的兵士，不料马摔倒了，他自己也被赶过来的晋国士兵杀死了，秦军于是全部崩溃。谢玄等人乘胜追击，一直追到青冈。秦军被打得大败，自己人互相践踏而死的尸体布满田野，堵塞阻断河流。那些逃跑的兵士，听到风吹和鹤叫的声音，都以为是晋国军队就要追来了，白天黑夜都不敢停下来休息，也不敢走大路,只在人迹罕至的草丛中逃走,走倦了就露天睡一下,加上饥饿和寒冷,死亡的人有十分之七八。当初,秦国军队向后稍微退却时,朱序在军阵后面大声地喊:"秦国的军队失败了!"兵士们就争着向后逃跑。朱序趁此之机和张天锡、徐元喜都投奔到晋国军营中来。晋军还截获了秦王苻坚所坐的云母车,还有军装兵器、财物畜产不知道有多少。又夺取了寿阳,擒获秦国淮南太守郭褒。

## 【原文】

坚中流矢,单骑走至淮北,饥甚,民有进壶飧、豚髀者,坚食之,赐帛十匹,绵十斤。辞曰:"陛下厌苦安乐,自取危困。臣为陛下子,陛下为臣父,安有子饲其父而求报乎?"弗顾而去。坚谓张夫人曰:"吾今复何面目治天下乎!"潸然流涕。

## 【译文】

苻坚中了流箭,单人匹马逃到淮河北岸,十分饥饿,有个百姓送来热水浇过的冷饭和小猪腿,苻坚吃过后,赏给这人十匹绢、十斤绵。这人推辞说:"陛下厌倦安乐,自己招致危难和困窘。我是陛下的子民,陛下是我的君父,哪里有做子民的供给君父食物却要求报答的呢?"说完头也不回地走开了。苻坚对张夫人说:"我现在还有什么脸面治理天下呢?"随之就伤心地流下泪来。

## 【原文】

是时,诸军皆溃,惟慕容垂所将三万人独全,坚以千馀骑赴之。世子宝言于垂曰:"家国倾覆,天命人心皆归至尊,但时运未至,故晦迹自藏耳。今秦主兵败,委身于我,是天借之便以复燕祚,此时不可失也,愿不以意气微恩忘社稷之重!"垂曰:"汝言是也。然彼以赤心投命于我,若之何害之!天苟弃之,何患不亡?不若保护其危以报德,徐俟其衅而图之,既不负宿心,且可以义取天下。"奋威将军慕容德曰:"秦强而并燕,秦弱而图之,此为报仇雪耻,非负宿心也;兄奈何得而不取,释数万之众以授人乎?"垂曰:"吾昔为太傅所不容,置身无所,逃死于秦,秦主以国士遇我,恩礼备至。后复为王猛所卖,无以自明,秦主独能明之,此恩何可忘也!若氏运必穷,吾当怀集关东,以复先业耳,关西会非吾有也。"冠军行参军赵秋曰:"明公当绍复燕祚,著于图谶;今天时已至,尚复何待!若杀秦主,据邺都,鼓行而西,三秦亦非苻氏之有也!"垂亲党多劝垂杀坚,垂皆不从,悉以兵授坚。平南将军慕容暐屯郧城,闻坚败,弃其众遁去;至荥阳,慕容德复说暐起兵以复燕祚,暐不从。

**【译文】**

这时,秦国的各路军队都溃散了,只有慕容垂所率领的三万人全部保存下来,苻坚带领骑兵一千多人赶到他那里去。慕容垂的世子慕容宝向慕容垂进言说:"燕国在家破国亡之后,无论天命还是民心都归向于您,只不过时机气运未到,所以暂时隐藏在心中而已。现在秦国君主的军队已经失败,投奔到我们这里,这是上天赐给我们机会来恢复燕国皇位,这个机会是不可以失去的,希望您不要因为感念他对我们的微小恩惠,而忘记了复兴燕国的重大责任!"慕容垂说:"你说得不错。然而他以诚心将自己的命运交给我们,我们怎么能去害他呢?上天如果抛弃他,还怕他不灭亡吗?不如在他危险的时候保护他,以报答他对我们的恩德,慢慢等待秦国出现裂痕时,再想办法复兴燕国。这样,既不违背本来的心意,而且可以凭道义取得天下。"奋威将军慕容德说:"秦国强大时兼并燕国,在秦弱小时我们再去吞并它,这是报仇雪耻,并非违背本来的心意;兄长为什么在能够得到时却不去夺取,而放弃数万人的军队交给别人呢?"慕容垂说:"我往日不能被太傅所容纳,无处安身,逃命到了秦国,秦国君主把我当国中少有的人才看待,恩惠礼遇都很周到。后来我们又被王猛所坑害,无法表明自己的清白,只有秦国君主能了解我,这种恩德怎么能够忘记呢?如果氏族的国运必定穷尽,我将招徕聚集函谷关以东的民众,恢复祖先的基业,函谷关以西地区当不会归我所有。"冠军行参军赵秋说:"明公应当继承、恢复燕国的基业,已经著录在图谶文中;现在上天给予的时机已经到来,还要再等什么时候?如果杀了秦国君主,占据邺城,擂起战鼓向西进军,关中地区也就不是苻氏所拥有的了!"慕容垂的亲信党羽,大多数都劝慕容垂杀了苻坚,慕容垂都没有听从,把所有的军队交给了苻坚。平南将军慕容暐驻守在郧城,听说苻坚失败,便丢弃手下兵众逃走了;到了荥阳,慕容德又劝说慕容暐起兵以恢复燕国基业,慕容暐也不肯听从。

## 【原文】

谢安得驿书,知秦兵已败,时方与客围棋,摄书置床上,了无喜色,围棋如故。客问之,徐答曰:"小儿辈遂已破贼。"既罢,还内,过户限,不觉屐齿之折。

## 【译文】

谢安收到驿站传送来的文书,得知秦国的军队已经失败,当时他正同客人下围棋,就把文书放在坐床上,脸上没有露出一点欢喜的神色,仍旧下棋。客人询问文书内容,他慢悠悠地回答说:"小辈们已经打败了贼寇。"棋下完后,回到内室,过门槛时,竟高兴得连木屐的底齿被折断也未发觉。

# 读书可以长情智

**【原文】**

珪问博士李先曰:"天下何物最善,可以益人神智?"对曰:"莫若书籍。"珪曰:"书籍凡有几何,如何可集?"对曰:"自书契以来,世有滋益,以至于今,不可胜计。苟人主所好,何忧不集!"珪从之,命郡县大索书籍,悉送平城。

**【译文】**

拓跋珪问博士李先说:"天下什么东西最好,可用来补益人的精神情智呢?"李先回答说:"没有哪种东西比得上书籍。"拓跋珪又问:"书籍共计有多少? 如何才可以搜集到呢?"李先回答说:"自从有刀刻的书简以来,每个朝代都有增补添益,直到今天,就多得不可胜计了。如果陛下喜好,怎么会发愁搜集不到呢!"拓跋珪听从了李先的建议,于是就命令各郡县普遍搜索书籍,全部送交京都平城。

# 北魏孝文帝迁都洛阳

【原文】

　　齐武帝永明十一年,魏主以平城地寒,六月雨雪,风沙常起,将迁都洛阳;恐群臣不从,乃议大举伐齐,欲以胁众。斋于明堂左个,使太常卿王谌筮①之,遇"革",帝曰:"'汤、武革命,顺乎天而应乎人。'吉孰大焉!"群臣莫敢言。尚书任城王澄曰:"陛下奕叶重光②,帝有中土;今出师以征未服,而得汤、武革命之象,未为全吉也。"帝厉声曰:"繇云:'大人虎变。'何言不吉!"澄曰:"陛下龙兴已久,何得今乃虎变!"帝作色曰:"社稷我之社稷,任城欲沮众邪!"澄曰:"社稷虽为陛下之有,臣为社稷之臣,安可知危而不言!"帝久之乃解,曰:"各言其志,夫亦何伤!"

【注释】

　　①筮(shì):用蓍草占卦。
　　②奕叶重光:继承累世的勋业使之再度发扬。

【译文】

　　齐武帝永明十一年(493),魏国君主因为平城地方寒冷,连六月天也下雪,风沙经常扬起,想把都城迁移到洛阳;担心群臣不依从,于是商议大举伐齐,想以此来胁迫众人。在明堂大寝南堂东边的偏房斋戒,吩咐太常卿王谌占卜,得到"革"的卦象,魏国君主说:"'商汤、周武王革命,顺应天意,合乎人心。'还有比这更大的吉瑞吗!"群臣没有人敢进言。尚书任城王拓跋澄说:"陛下继承累代的勋业使之再度发扬,称帝于中原;如今出兵去征讨尚未臣服的敌人,却得了汤、武革命的卦象,这不算是完全吉瑞啊。"魏国君主用严肃的口吻说:"爻辞说:'大人虎变。'怎么说不是吉瑞?"拓跋澄说:"陛下如龙兴起,已经很久,怎么今日才虎变!"魏国君主变了脸色说:"社稷是我的社稷,任城王想挫伤众人的志气吗?"拓跋澄说:"社稷虽然是陛下所拥有,臣是社稷的臣子,怎能知其危险而不说!"魏国君主过了好一段时间,脸色才平缓下来,说:"大家各自谈谈各人的心志,这又有什么妨碍!"

**【原文】**

既还宫,召澄入见,逆谓之曰:"向者'革卦',今当更与卿论之。明堂之忿,恐人人竞言,沮我大计,故以声色怖文武耳。想识朕意。"因屏人谓澄曰:"今日之举,诚为不易。但国家兴自朔土,徙居平城;此乃用武之地,非可文治。今将移风易俗,其道诚难,朕欲因此迁宅中原,卿以为何如?"澄曰:"陛下欲卜宅中土以经略四海,此周、汉之所以兴隆也。"帝曰:"北人习常恋故,必将惊扰,奈何?"澄曰:"非常之事,故非常人之所及。陛下断自圣心,彼亦何所能为!"帝曰:"任城,吾之子房也!"

**【译文】**

由明堂回宫以后,魏国君主召唤拓跋澄入宫觐见,迎上来对他说:"刚才的'革'卦,现在该再和卿讨论讨论。在明堂我发怒,是怕大家争着发言,坏了我的大计,所以用严厉的声色来让文武众官畏惧罢了。我想卿会了解朕的心意。"于是屏退左右,对拓跋澄说:"今日此举,确实不易。但国家由北方兴起,迁徙到平城;这是用武作战的地方,不能施行文教治理。现在要移风易俗,确实有困难,朕想借此迁都到中原地带,卿认为怎么样?"拓跋澄说:"陛下想在中原选择都城以经营天下大事,这是周代、汉代之所以兴隆的做法。"魏国君主说:"北方人习惯依恋旧俗,如果宣布这个决定,一定会惊慌扰乱,怎么办?"拓跋澄说:"非常之事,本来就不是常人所能理解的。陛下的决断出自圣明之心,他们还能怎么样?"魏国君主说:"任城王,真是朕的张良啊!"

## 【原文】

魏主使录尚书事广陵王羽持节安抚六镇,发其突骑。丁亥,魏主辞永固陵;己丑,发平城,南伐,步骑三十馀万;使太尉丕与广陵王羽留守平城,并加使持节。羽曰:"太尉宜专节度,臣正可为副。"魏主曰:"老者之智,少者之决,汝无辞也。"以河南王幹为车骑大将军、都督关右诸军事,又以司空穆亮、安南将军卢渊、平南将军薛胤皆为幹副,众合七万出子午谷。胤,辩之曾孙也……

## 【译文】

魏国君主命令录尚书事广陵王拓跋羽掌持符节安抚六镇,调动突击骑兵。八月初九,魏国君主拜辞永固陵;十一日,由平城出发南征,步兵骑兵总共三十余万;命令太尉拓跋丕与广陵王拓跋羽留守平城,并加号"使持节"。拓跋羽说:"太尉应该专管节度的事宜,臣正可以做副手。"魏国君主说:"老年人的智慧,少年人的决断,正好互补,你不必推辞了。"任命河南王拓跋幹为车骑大将军、都督关右诸军事,又任命司空穆亮、安南将军卢渊、平南将军薛胤都为拓跋幹的副手,军队总共七万人,由子午谷出发。薛胤是薛辩的曾孙……

【原文】

戊辰,魏主济河;庚午,至洛阳;壬申,诣故太学观《石经》。……

【译文】

二十日,魏国君主渡过黄河;二十二日,到达洛阳;二十四日,到旧时的太学观看《石经》。……

【原文】

魏主自发平城至洛阳,霖雨不止。丙子,诏诸军前发。丁丑,帝戎服,执鞭乘马而出。群臣稽颡①于马前。帝曰:"庙算已定,大军将进,诸公更欲何云?"尚书李冲等曰:"今者之举,天下所不愿,唯陛下欲之;臣不知陛下独行,竟何之也!臣等有其意而无其辞,敢以死请!"帝大怒曰:"吾方经营天下,期于混壹,而卿等儒生,屡疑大计;斧钺有常,卿勿复言!"策马将出,于是安定王休等并殷勤泣谏。帝乃谕群臣曰:"今者兴发不小,动而无成,何以示后!朕世居幽朔,欲南迁中土;苟不南伐,当迁都于此,王公以为何如?欲迁者左,不欲者右。"安定王休等相帅如右。南安王桢进曰:"'成大功者不谋于众。'今陛下苟辍南伐之谋,迁都洛邑,此臣等之愿,苍生之幸也。"群臣皆呼万岁。时旧人虽不愿内徙,而惮于南伐,无敢言者;遂定迁都之计。李冲言于上曰:"陛下将定鼎洛邑,宗庙宫室,非可马上行游以待之。愿陛下暂还代都,俟群臣经营毕功,然后备文物、鸣和鸾而临之。"帝曰:"朕将巡省州郡,至邺小停,春首即还,未宜归北。"乃遣任城王澄还平城,谕留司百官以迁都之事,曰:"今日真所谓革也。王其勉之!"帝以群臣意多异同,谓卫尉卿、镇南将军于烈曰:"卿意如何?"烈曰:"陛下圣略渊远,非愚浅所测。若隐心而言,乐迁之与恋旧,适中半耳。"帝曰:"卿既不唱异,即是肯同,深感不言之益。"使还镇平城,曰:"留台庶政,一以相委。"烈,栗䃜之孙也。

**【注释】**

①稽颡(qǐ sǎng):古代一种跪拜礼,行跪拜礼时,以额触地,表示极度虔诚。

**【译文】**

魏国君主自从由平城出发至到达洛阳,一路上久雨不停。二十八日,诏令各路军队向前进发。二十九日,魏国君主身穿军服,手执马鞭,骑着马出来。群臣在马前叩头。魏国君主说:"朝廷的大计已决定,大军就要向前进发,各位还想说些什么?"尚书李冲等人说:"现在的行动,是天下人不愿意的,只有陛下想这么做;臣不知道陛下独自前行,将往哪里去?臣等有意见而不知该怎么说,胆敢冒死向陛下请求!"魏国君主大怒说:"我正经营天下,期望能统一天下,而你们这些儒生,屡次怀疑国家大计;刀斧刑具有一定的使用规则,你不要再说!"纵马将要出去,于是安定王拓跋休等人都流着眼泪反复劝谏。魏国君主于是告谕群臣说:"现在兴师动众,不是小事,既已行动却不能成功的话,后人怎么看!朕世代居处在北方,想南迁到中原一带;如果不南伐,应当迁都到这里,各位王公认为如何?想迁都的站到左边,不想迁都的在右边。"安定王拓跋休等相继站到右边。南安王拓跋桢进言说:"'成就大功业的人,不和众人商议。'现在陛下如果放弃南伐的谋略,迁都到洛邑,这是臣等的愿望,百姓的幸福。"群臣都高呼万岁。当时与王室同起于北方的旧族虽不愿意向内地迁徙,但却怕南伐,没人敢说话;于是决定了迁都的大计。李冲对魏国君主说:"陛下将建都洛邑,但宗庙宫室,不能在马背上移动等着迁都。但愿陛下暂时回到代都,等群臣把这里建筑完工,然后陛下再备办好各种物品仪仗,鸣动鸾铃驾临洛邑。"魏国君主说:"朕将巡察州郡,到邺城稍作停留,明年春初就回来,不适宜回到北方的代都。"于是派遣任城王拓跋澄回到平城,对留守的百官告谕要迁都的事,说:"今天真是革旧迎新了。各位王爷好好努力!"魏国君主因为群臣的想法多有不同,对卫尉卿、镇南将军于烈说:"卿的意思怎样?"于烈说:"陛下圣明的策略深远,不是愚陋浅近的人所能窥测的。如果揣度内心来说,乐于迁都和留恋旧城的人,恰好各占一半罢了。"魏国君主说:"卿既然不提出不同的论调,就是首肯赞同,我深深感激你不唱反调的好处。"派遣他回到平城去镇守,说:"留守朝廷的各项政事,完全委托你了。"于烈,是于栗磾的孙子。

## 【原文】

冬,十月,戊寅朔,魏主如金墉城,征穆亮,使与尚书李冲、将作大匠董尔经营洛都。己卯,如河南城;乙酉,如豫州;癸巳,舍于石济。乙未,魏解严,设坛于滑台城东,告行庙以迁都之意。大赦。起滑台宫。任城王澄至平城,众始闻迁都,莫不惊骇。澄援引古今,徐以晓之,众乃开伏。澄还报于滑台,魏主喜曰:"非任城,朕事不成。"

## 【译文】

冬,十月,初一,魏国君主到金墉城,征召穆亮,让他和尚书李冲、将作大匠董尔负责建设洛阳。初二,前往河南城;初八,前往豫州;十六日,驻在石济。十八日,魏国君主解除戒严,在滑台城东设立祭坛,把迁都的意思祭告随行供奉的神主。大赦境内。建造滑台宫。任城王拓跋澄到了平城,大家才听说要迁都,无不震惊。拓跋澄援引古事以证合今事,慢慢地晓以大义,众人才明白而顺服。拓跋澄回到滑台报告,魏国君主高兴地说:"若不是任城王,朕迁都的事就办不成。"

【原文】

癸卯,魏主如邺城。乙巳,魏主遣安定王休帅从官迎家于平城。(辛亥)魏主筑宫于邺西,十一月,癸亥,徙居之。

【译文】

二十六日,魏国君主往邺城。二十八日,魏国君主派遣安定王拓跋休率领随从人员到平城迎接家眷。(初四)魏国君主在邺城西边建筑宫室,十一月,十六日,迁居到新宫。

【原文】

乙亥,魏主如洛阳西宫。中书侍郎韩显宗上书陈四事;其一以为:"窃闻舆驾今夏不巡三齐,当幸中山。往冬舆驾停邺,当农隙之时,犹比屋供奉,不胜劳费。况今蚕麦方急,将何以堪命!且六军涉暑,恐生疠疫。臣愿早还北京,以省诸州供张之苦,成洛都营缮之役。"其二以为:"洛阳宫殿故基,皆魏明帝所造,前世已讥其奢。今兹营缮,宜加裁损。又,顷来北都富室,竞以第舍相尚;宜因迁徙,为之制度。及端广衢路,通利沟渠。"其三以为:"陛下之还洛阳,轻将从骑。王者于闱闼之内犹施警跸[①],况涉履山河而不加三思乎!"其四以为:"陛下耳听法音,目玩坟典,口对百辟,心虞万机,景昃而食,夜分而寝;加以孝思之至,随时而深;文章之业,日成篇卷;虽睿明所用,未足为烦,然非所以啬神养性,保无疆之祚也。伏愿陛下垂拱司契而天下治矣。"帝颇纳之。显宗,麒麟之子也。

## 【注释】

①警跸(bì):古代帝王出入时清道戒严,设警卫隔绝闲杂人等。

## 【译文】

二十九日,魏国君主前往洛阳西宫,中书侍郎韩显宗上书陈述四件事:第一:"我听说君王的车驾今年夏天不巡察三齐,应该莅临中山。去年冬季,车驾停留邺城,正当农闲的时候,百姓家家都得供奉,劳苦和花费无法承受。何况现在蚕麦农事正忙,百姓将如何承受得起!再说六军在大热天跋涉,怕要发生流行疾病。臣希望陛下早点转回北方京城,以节省各州供奉张罗的劳苦,完成洛都修缮的工作。"第二:"洛阳宫殿的旧有基础,都是魏明帝所建造的,前代已讥刺他奢华。现在修缮,应该加以裁汰减损。另外,近来北都的富有人家,争相攀比住宅的豪华;应该趁着迁都的时候,定下宅第的制度。还要把道路铺设得笔直宽广,沟渠也要畅通便利。"第三:"陛下返回洛阳,只带着少量的亲兵。王者即使在宫禁之内,也设警卫隔绝闲杂人等,何况跋涉山河,能不多加考虑吗?"第四:"陛下耳听的是雅乐,眼看的是'三坟''五典',口里与百官应对,心里操虑万种政务,日影偏斜了才进食,夜半时才就寝;加上极其孝顺思念的情感,随着时光流逝而加深;文章大业,每天要写整篇整卷;虽说陛下聪睿贤明,这些还不至于太烦扰,然而这绝不是爱护心神、怡养心性,保有无边福祚的做法啊!但愿陛下垂旒拱手,掌握契要,而天下就能治理好了!"皇帝多采纳他的意见。韩显宗是韩麒麟的儿子。

## 【原文】

显宗又上言,以为:"州郡贡察,徒有秀、孝之名,而无秀、孝之实;朝廷但检其门望,不复弹坐。如此,则可令别贡门望以叙①士人,何假冒秀、孝之名也!夫门望者,乃其父祖之遗烈,亦何益于皇家! 益于时者,贤才而已。苟有其才,虽屠、钓、奴、虏,圣王不耻以为臣;苟非其才,虽三后之胤,坠于皂隶矣。议者或云'今世等无奇才,不若取士于门',此亦失矣。岂可以世无周、邵,遂废宰相邪! 但当校其寸长铢重者先叙之,则贤才无遗矣。

**【注释】**

①叙:按规定的等级次第授官职或给予奖励。

**【译文】**

韩显宗又向君主进言,说:"州郡通过察举向朝廷引荐的人才,仅有秀才、孝廉之名,而无秀才、孝廉之实;朝廷只核查那些人的门第名望,不再对贡察不实的州郡弹劾判罪。这样的话,就可以下令另外以门第名望来选拔官员,何必假冒秀才、孝廉的名义呢? 谈到门第名望,这些是父亲、祖父遗留的功业,对皇家有什么益处? 对当代时局有益处的,只是贤才而已! 如果真有才干,即使是屠牛、钓鱼、为人奴仆之人,圣王都不认为任用他们为臣有什么可耻的;如果没有什么才干,即使是三代圣王的后人,也会沦落至鄙贱奴仆的地位。有评论者说:'现在没有奇异的人才,不如按照门第来擢用士人。'这话也不对呀。怎能因为当代没有周公、邵公,就废除宰相的职务呢? 应该度衡比较选出那些寸长铢重的人才优先录用他们,那么贤才就不会遗漏了。

**【原文】**

"又,刑罚之要,在于明当,不在于重。苟不失有罪,虽捶挞之薄,人莫敢犯;若容可侥幸,虽参夷①之严,不足惩禁。今内外之官,欲邀当时之名,争以深酷为无私,迭相敦厉,遂成风俗。陛下居九重之内,视人如赤子;百司分万务之任,遇下如仇雠。是则尧、舜止一人,则桀、纣以千百；和气不至，盖由于此。谓宜敕示百僚，以惠元元②之命。

【注释】

①参(sān)夷：诛灭三族。
②元元：黎民百姓。

【译文】

"再者，刑罚的要点，在明确恰当，不在于求重。如果有罪的人都难逃法网，虽只是轻微的杖击鞭笞，人们也不敢犯法；如果容恶侥幸逃免，即使是夷诛三族那样严苛的罪刑，也不足以惩戒禁止人们犯法。如今京城内外的官吏，想求得当代的盛名，争着把严厉苛刻当作无私，互相敦促激励，于是形成了风俗。陛下深居九重宫闱之内，把人民看作赤子；百官分担万种政务的责任，对待人民就如仇敌。如此一来，尧、舜只有一个人，而桀、纣有成百上千；和谐的风气没有形成，大概是这个原因。臣认为应该敕令告示百官，要惠爱百姓的生命。

【原文】

"又，昔周居洛邑，犹存宗周；汉迁东都，京兆置尹。案《春秋》之义，有宗庙曰都，无曰邑。况代京，宗庙山陵所托，王业所基，其为神乡福地，实亦远矣，今便同之郡国，臣窃不安。谓宜建畿置尹，一如故事，崇本重旧，光示万叶。

【译文】

"再有一条，过去周王朝定都洛邑，还保存宗周故都；汉迁居东都，故都长安仍然设置京兆尹。根据《春秋》所言，有宗庙的叫作都，没有宗庙的叫作邑。何况代京，是宗庙与祖先坟陵所依托的地方，帝王大业立定根基的地方，作为一块神奇福祥之地，实在意义深远，现在竟然就把它等同于郡县封国,臣内心真觉得不安。我认为应该建立王畿设置郡尹,一如过去的事例,推崇根本,重视旧业,光照万代。

## 【原文】

"又,古者四民异居,欲其业专志定也。太祖道武皇帝创基拨乱,日不暇给,然犹分别士庶,不令杂居,工伎屠沽,各有攸处;但不设科禁,久而混淆。今闻洛邑居民之制,专以官位相从,不分族类。夫官位无常,朝荣夕悴,则是衣冠、皂隶不日同处矣。借使一里之内,或调习歌舞,或讲肆诗书,纵群儿随其所之,则必不弃歌舞而从诗书矣。然则使工伎之家习士人风礼,百年难成;士人之子效工伎容态,一朝而就。是以仲尼称里仁之美,孟母勤三徙之训。此乃风俗之原,不可不察。朝廷每选人士,校其一婚一宦以为升降,何其密也!至于度地居民,则清浊连甍,何其略也!今因迁徙之初,皆是公地,分别工伎,在于一言,有何可疑而阙盛美!

## 【译文】

"又有一条,古时候士、农、工、商四民,异处分居,希望他们能职业专一,志向坚定。太祖道武皇帝创立基业,拨乱反正,每天都忙得不可开交,但还是区别了士人、庶人,不让他们杂乱混居,工匠、艺人、屠夫、商人,各得其所;只是未曾设立科罚禁令,日久就混淆了。如今听说洛邑居民的制度,全凭官位来定,不分宗族种类。官位没有永久不变的,早晨显达,晚上可能就被废黜了,那么官宦士绅和卑贱的小卒,随时都可能同地而居了。假使一里之内,有的教习歌舞,有的讲授诗书,纵任孩子们随意学习,那么他们必定不会放弃歌舞而去学习诗书了。然而,要让工匠技艺之家的人仿效读书人的风尚仪礼,一百年也难得有成就;而让士人子弟去模仿工匠技艺的容貌姿态,一天就学会了。所以孔子说住的地方要有仁德才好,孟母勤于三次迁徙以便教训儿子。这是风俗的根本,不能不明察。朝廷每次选拔士人,总是衡量婚姻与做官的情况作为升黜的标准,何等的周密!至于安置一个地方居住的人民,在一个屋顶之下,贵贱不分杂居一处,何等的疏略!现在趁着刚开始迁徙,到处都是空地,要想区分工匠技艺之人,只在一句话而已,有什么疑虑而不做,从而使这种盛美之事失却?

**【原文】**

"又,南人昔有淮北之地,自比中华,侨置郡县。自归附圣化,仍而不改,名实交错,文书难辨。宜依地理旧名,一皆厘革,小者并合,大者分置。及中州郡县,昔以户少并省,今民口既多,亦可复旧。

**【译文】**

"又有一条,南边人过去拥有淮河以北的地区,自比于中华,常借旧地名来设置郡县。自从归附圣朝教化之后,依旧不改,名实交互错乱,公文书信难以辨别。应该依照地理上的旧名,全部改正,小的合并,大的分别设置。至于中州郡县,过去由于户口少就合并撤了一些,如今人口数量已经增多,也可以恢复旧有的设置了。

**【原文】**

"又,君人者以天下为家,不可有所私。仓库之储,以供军国之用,自非有功德者不当加赐。在朝诸贵,受禄不轻;比来颁赉,动以千计。若分以赐鳏寡孤独之民,所济实多;今直以与亲近之臣,殆非'周急不继富'

之谓也。"

帝览奏,甚善之。

## 【译文】

"还有一条,统治人民的王者,把天下看作自己的家,不能有所偏私。仓库储积的财物,是用来供给军队及国家费用的,没有功德的人自然不能给予赏赐。在朝廷的一些权贵,接受的俸禄已不算少;近来赏赐,动辄用千来计算。倘若分出一些赏赐给鳏夫、寡妇、孤儿、孤老之人,所救济的人实际上会很多;现在直接用来给予亲近的臣子,大概不是古人所谓'应当周济急需帮助的人,不必接济富裕的人'的做法啊!"

皇帝看了奏章,很赞许他的意见。

## 【原文】

壬寅,魏主北巡;癸卯,济河;三月,壬申,至平城。使群臣更论迁都利害,各言其志。燕州刺史穆罴曰:"今四方未定,未宜迁都。且征伐无马,将何以克?"帝曰:"厩牧在代,何患无马?今代在恒山之北,九州之外,非帝王之都也。"尚书于果曰:"臣非以代地为胜伊、洛之美也。但自先帝以来,久居于此,百姓安之;一旦南迁,众情不乐。"平阳公丕曰:"迁都大事,当讯之卜筮。"帝曰:"昔周、邵圣贤,乃能卜宅。今无其人,卜之何益!且卜以决疑,不疑何卜;黄帝卜而龟焦,天老曰'吉',黄帝从之。然则至人之知未然,审于龟矣。王者以四海为家,或南或北,何常之有?朕之远祖,世居北荒,平文皇帝始都东木根山,昭成皇帝更营盛乐,道武皇帝迁于平城。朕幸属胜残①之运,何为独不得迁乎!"群臣不敢复言。罴,寿之孙;果,烈之弟也。癸酉,魏主临朝堂,部分迁留。

## 【注释】

①胜残:遏制残暴的人,使不能作恶。

## 【译文】

二十七日,魏国君主北巡;二十八日,渡过黄河;三月二十七日,到达平城。让群臣再讨论迁都的利弊得失,各自谈谈自己的看法。燕州刺史穆罴说:"现在四方还没平定,不适宜迁都。而且征战时没有马匹,将凭什么战胜敌人?"皇帝说:"马厩与牧养人都在代郡,还怕没有马匹?如今代郡位于恒山的北边,九州范围之外,不适合做帝王的都城。"尚书于果说:"臣并不是认为代地有胜过伊河、洛水的好处。但自先帝以来,长久居住在这里,百姓安于这里的环境;一旦向南迁徙,民众心里不乐意。"平阳公拓跋丕说:"迁都是大事,应该由占卜来探知吉凶。"皇帝说:"过去周公、召公是圣贤,才能占卜何处可以安居。现在没有圣贤人物,占卜有什么用处!而且占卜的目的是决定有疑虑的事,如果没有疑虑还占卜什么!黄帝占卜而龟甲烧焦,天老说'吉',黄帝依从他的判断。如此说来,最贤圣的人能预知未来的事,比龟甲还灵验了。王者以四海为家,有时南边,有时北边,哪有什么永久居留之处?朕的远祖,世代居住北边的荒野。平文皇帝才建都东木根山,昭成皇帝又经营盛乐,道武皇帝迁都平城。朕有幸遇上能感化恶人为善的仁政时代,为何独独不能迁都呢?"群臣不敢再说什么。穆罴,是穆寿的孙子;于果,是于烈的弟弟。二十八日,魏国君主莅临朝堂,部署安排迁徙留守的事宜。

# 玄武门之变

**【原文】**

高祖神尧大圣光孝皇帝武德九年六月,秦王世民既与太子建成、齐王元吉有隙,以洛阳形胜之地,恐一朝有变,欲出保之,乃以行台工部尚书温大雅镇洛阳,遣秦府车骑将军荥阳张亮将左右王保等千馀人之洛阳,阴结纳山东豪杰以俟变,多出金帛,恣其所用。元吉告亮谋不轨,下吏考验;亮终无言,乃释之,使还洛阳。

**【译文】**

唐高祖武德九年(626),六月,秦王李世民已经与太子李建成、齐王李元吉的感情有了裂痕,因洛阳是地形优越便利的地方,恐怕一旦有变故,要出兵保守洛阳,于是任用行台工部尚书温大雅镇守洛阳,派秦王府中车骑将军荥阳人张亮率领手下王保等千余人到洛阳,暗中结交招纳山东豪杰来等待形势变化,拿出很多金银布帛,任他们使用。李元吉告张亮图谋不轨,让有关官吏考问验证,张亮始终没有话语,就释放了他,让他返回洛阳。

**【原文】**

建成夜召世民饮酒而鸩之,世民暴心痛,吐血数升,淮安王神通扶之还西宫。上幸西宫,问世民疾,敕建成曰:"秦王素不能饮,自今无得复夜饮。"因谓世民曰:"首建大谋,削平海内,皆汝之功。吾欲立汝为嗣,汝固辞;且建成年长,为嗣日久,吾不忍夺也。观汝兄弟似不相容,同处京邑,必有纷竞,当遣汝还行台,居洛阳,自陕以东皆主之。仍命汝建天子旌旗,如汉梁孝王故事。"世民涕泣,辞以不欲远离膝下,上曰:"天下一家,东、西两都,道路甚迩,吾思汝即往,毋烦悲也。"将行,建成、元吉相与谋曰:"秦王若至洛阳,有土地甲兵,不可复制;不如留之长安,则一匹夫耳,取之易矣。"乃密令数人上封事[①],言"秦王左右闻往洛阳,无不喜跃,观其志趣,恐不复来"。又遣近幸之臣以利害说上。上意遂移,事复中止。

## 【注释】

①封事:密封的奏章。古代臣下奏事,用袋封缄以防泄露。

## 【译文】

李建成夜晚召来李世民饮酒,用毒酒害他,李世民突然心脏疼痛,吐了很多血,淮安王李神通扶着他返回西宫。皇上幸临西宫,探问李世民的疾病,命令李建成说:"秦王平素不能饮酒,从今天起不得再夜晚饮酒。"因而对李世民说:"首先制定宏大谋略,进而平定天下,都是你的功劳。我想立你为继承人,你坚决推辞;而且,建成年纪最大,作为继承人日子久了,我不忍心夺去他的地位。看来你们兄弟之间好像不能相容,共同居处在京城,必定有纠纷竞争,应当派你去陕东道大行台,居住在洛阳,从陕州以东地区都由你来主持。仍然命你建立天子的旌旗,一如汉梁孝王的旧例。"李世民哭泣,以不愿意远离父亲膝下作为推辞,皇上说:"天下是一家,东、西两个京都,道路很近,我思念你就可前去,不要悲伤。"李世民将要出发,李建成、李元吉一起谋划说:"秦王假若到了洛阳,拥有土地甲兵,不能再控制了;不如把他留在长安,那他就是一个匹夫罢了,要收拾他就容易了。"于是,暗中命令数人向皇上密封奏事,说道:"秦王左右的人,听到前往洛阳,没有不欢喜雀跃,看他们的志向,恐怕不再回来了。"又派遣亲近宠幸的臣子用秦王去留的利害关系游说皇上。皇上于是改变了主意,事情再次中止。

【原文】

建成、元吉与后宫日夜谮诉<sup>①</sup>世民于上,上信之,将罪世民。陈叔达谏曰:"秦王有大功于天下,不可黜也。且性刚烈,若加挫抑,恐不胜忧愤,或有不测之疾,陛下悔之何及!"上乃止。元吉密请杀秦王,上曰:"彼有定天下之功,罪状未著,何以为辞?"元吉曰:"秦王初平东都,顾望不还,散钱帛以树私恩,又违敕命,非反而何!但应速杀,何患无辞!"上不应。

【注释】

①谮(zèn)诉:诬陷别人,说人坏话。

【译文】

李建成、李元吉与后宫尹德妃、张婕妤等日夜向皇上说李世民的坏话,皇上听信了他们的谗言,将要治罪李世民。陈叔达劝谏说:"秦王对天下有大功,不能够罢免。而且他性情刚烈,假若对他加以打击,恐怕他受不了内心的忧伤愤恨,以致患上不可测知的疾病,陛下后悔就来不及了!"皇上才停止治罪李世民。李元吉暗中请求杀掉秦王,皇上说:"他有平定天下的功劳,罪状不显著,拿什么作为借口呢?"李元吉说:"秦王当初平定东都,顾盼观望,不肯回还,散发钱财布帛来树立私人的恩德,又违背陛下的命令,不是造反又是什么!只管赶快把他杀掉,还怕什么没有借辞!"皇上不答应。

**【原文】**

秦府僚属皆忧惧不知所出。行台考功郎中房玄龄谓比部郎中长孙无忌曰："今嫌隙已成，一旦祸机窃发，岂惟府朝涂地，乃实社稷之忧；莫若劝王行周公之事以安家国。存亡之机，间不容发，正在今日！"无忌曰："吾怀此久矣，不敢发口；今吾子所言，正合吾心，谨当白之。"乃入言世民。世民召玄龄谋之，玄龄曰："大王功盖天地，当承大业；今日忧危，乃天赞也，愿大王勿疑。"乃与府属杜如晦共劝世民诛建成、元吉。

**【译文】**

秦王府幕僚官属都担忧害怕，不知所措。行台考功郎中房玄龄对比部郎中长孙无忌说："如今嫌疑仇隙已经形成，一旦祸患暗中爆发，岂止是府廷流血涂地，实在是国家的忧患；不如劝秦王施行周公诛管叔、蔡叔的事，以便安定国家。存亡的机运，中间不能容下一根头发，动手应该就在今天！"长孙无忌说："我心有此意很久了，不敢讲出口；如今你所讲的话，正合我的心意，我就去告诉秦王。"于是进入秦王府禀告李世民。李世民召来房玄龄谋划这件事，房玄龄说："大王的功劳覆盖天地，应当继承帝王大业；如今担忧的危机，就是上天赞助，希望大王不要迟疑。"于是与王府所属官员杜如晦共同劝说李世民诛杀李建成、李元吉。

**【原文】**

建成、元吉以秦府多骁将，欲诱之使为己用，密以金银器一车赠左二副护军尉迟敬德，并以书招之曰："愿迁长者之眷，以敦布衣之交。"敬德辞曰："敬德，蓬户瓮牖之人，遭隋末乱离，久沦逆地，罪不容诛。秦王赐以更生之恩，今又策名藩邸，唯当杀身以为报；于殿下无功,不敢谬当重赐。若私交殿下,乃是贰心,徇利忘忠,殿下亦何所用!"建成怒,遂与之绝。敬德以告世民,世民曰:"公心如山岳,虽积金至斗,知公不移。相遗但受,何所嫌也!且得以知其阴计,岂非良策!不然,祸将及公。"既而元吉使壮士夜刺敬德,敬德知之,洞开重门,安卧不动,刺客屡至其庭,终不敢入。元吉乃谮敬德于上,下诏狱讯治,将杀之,世民固请,得免。又谮左一马军总管程知节,出为康州刺史。知节谓世民曰:"大王股肱羽翼尽矣,身何能久!知节以死不去,愿早决计。"又以金帛诱右二护军段志玄,志玄不从。建成谓元吉曰:"秦府智略之士,可惮者独房玄龄、杜如晦耳。"皆谮之于上而逐之。世民腹心唯长孙无忌尚在府中,与其舅雍州治中高士廉、左候车骑将军三水侯君集及尉迟敬德等,日夜劝世民诛建成、元吉。

**【译文】**

李建成、李元吉知道秦王府中有很多骁勇的将领,就想利诱他们,使他们为己所用,于是暗中把一车金银器物赠送给左二副护军尉迟敬德,并且用书信招引他说:"但愿长者屈驾眷顾,以便加深我们之间布衣的交情。"尉迟敬德推辞说:"敬德我是编蓬作户、破瓮作窗的平民,遭逢隋朝末年战乱流离,长久沦落在刘武周反逆之地,罪该万死。秦王把再生之恩赠给我,如今姓名又书写在秦王府的策簿上,只能用生命来作为报答;对殿下没有建立功劳,不敢错蒙重赏。假若私下与殿下交往,就是怀有二心,贪图财利而忘掉忠义,殿下要这种人又有什么用呢!"李建成大怒,于是与他断绝来往。尉迟敬德把这件事告诉李世民,李世民说:"您的忠心像山岳一样牢固,即使金子堆至北斗星,知道您也不会动摇。赠送给您的金银器物只管接受,有什么关系!并且还能够因此了解他们的阴谋计划,难道不是良策吗?不这样,祸患即将降临到您的头上。"不久,李元吉派壮勇之士夜晚刺杀尉迟敬德,敬德知道了,敞开层层门户,安稳静卧不动,刺客多次来到敬德的庭前,始终不敢进入卧室。李元吉于是在皇上面前诋毁尉迟敬德,皇上下令讯问治罪,将要杀了他,李世民坚决请求,才得幸免一死。又诋毁左一马军总管程知节,把他调出去做康州刺史。程知节对李世民说:"大王的股肱之臣、精忠之士没有了,自身怎么能够长久存在!知节冒死不离去,宁愿早点决定生存大计。"李建成、李元吉又用金银布帛诱惑右二护军段志玄,志玄不听从。李建成对李元吉说:"秦王府中的智谋才略之士,可怕的只有房玄龄、杜如晦罢了。"都在皇上面前对他们进行诋毁,进而逐退了他们。李世民的心腹只有长孙无忌还在府中,与他的舅父雍州治中高士廉、左候车骑将军三水县人侯君集及尉迟敬德等,日夜劝说李世民诛杀李建成、李元吉。

## 【原文】

会突厥郁射设将数万骑屯河南,入塞,围乌城,建成荐元吉代世民督诸军北征;上从之,命元吉督右武卫大将军李艺、天纪将军张瑾等救乌城。元吉请尉迟敬德、程知节、段志玄及秦府右三统军秦叔宝等与之偕行,简阅秦王帐下精锐之士以益元吉军。率更丞王晊密告世民曰:"太子语齐王:'今汝得秦王骁将精兵,拥数万之众,吾与秦王饯汝于昆明池,使壮士拉杀之于幕下,奏云暴卒,主上宜无不信。吾当使人进说,令授吾国事。敬德等既入汝手,宜悉坑之,孰敢不服!'"世民以晊言告长孙无忌等,无忌等劝世民先事图之。世民叹曰:"骨肉相残,古今大恶。吾诚知祸在朝夕,欲俟其发,然后以义讨之,不亦可乎!"敬德曰:"人情谁不爱其死!今众人以死奉王,乃天授也。祸机垂发,而王犹晏然不以为忧，大王纵自轻，如社稷宗庙何！大王不用敬德之言，敬德将窜身草泽，不能留居大王左右，交手受戮也！"无忌曰："不从敬德之言，事今败矣。敬德等必不为王有，无忌亦当相随而去，不能复事大王矣！"世民曰："吾所言亦未可全弃，公更图之。"敬德曰："王今处事有疑，非智也；临难不决，非勇也。且大王素所畜养勇士八百馀人，在外者今已入宫，擐甲执兵，事势已成，大王安得已乎！"

**【译文】**

恰遇突厥郁射设率领数万骑兵屯驻在黄河南边，进入边塞，围攻乌城，李建成举荐李元吉代替李世民总督各路军队向北去征讨突厥；皇上听从这一建议，命令李元吉督率右武卫大将军李艺、天纪将军张瑾等援救乌城。李元吉请求尉迟敬德、程知节、段志玄及秦府右三统军秦叔宝等和他一同前行，检阅挑选秦王军帐之下精锐的士卒来增强李元吉的军队。率更丞王晊暗中告诉李世民说："太子对齐王说：'如今你得到秦王骁勇将领、精锐士兵，拥有数万的兵众，我与秦王在昆明池给你饯行，派壮勇之士把他拉至帐幕下杀死，向上奏报说他突然身亡，皇上应该不会不相信。我自当让人进宫去游说，让皇上把国家事务交授给我。尉迟敬德等人已落入你手，应全部把他们坑埋，谁还敢不服！'"李世民把王晊的话告诉长孙无忌等，无忌等劝说李世民在事发之前先下手。李世民叹息着说："骨肉兄弟相互残杀，古往今来都是最坏的事。我确实知道祸在旦夕之间，想等他们发动，然后以义为由来讨伐他们，不也是可以的吗？"尉迟敬德说："人之常情，谁不爱惜自己的生命！如今众人誓死侍奉大王，这是上天授予的。祸患就要发作，而大王还安然不以此为忧虑，大王纵然把自己看得很轻，但宗庙社稷怎么办呢！大王不听从敬德的言语，敬德将投往草泽，不能留居在大王的身边，拱手接受屠戮啊！"长孙无忌说："不听从尉迟敬德的话，事情就要失败啦！敬德等人一定不会为王所有,无忌也理当跟随着他们而离去,不能再侍奉大王了!"李世民说:"我所说的话也不可完全抛弃,您再想想别的计策。"尉迟敬德说:"大王如今处理事情有疑虑,是不聪明;面临危难之际而不决断,是不勇敢。况且大王平素所蓄养的勇士八百多人,在外面的如今都已进入宫中,身披铠甲,手握兵器,起事的形势已经形成,大王怎么能够再阻止呢!"

## 【原文】

世民访之府僚,皆曰:"齐王凶戾,终不肯事其兄。比闻护军薛实尝谓齐王曰:'大王之名,合之成"唐"字,大王终主唐祀。'齐王喜曰:'但除秦王,取东宫如反掌耳。'彼与太子谋乱未成,已有取太子之心。乱心无厌,何所不为!若使二人得志,恐天下非复唐有。以大王之贤,取二人如拾地芥耳,奈何徇匹夫之节,忘社稷之计乎!"世民犹未决,众曰:"大王以舜为何如人?"曰:"圣人也。"众曰:"使舜浚井不出,则为井中之泥,涂廪不下,则为廪上之灰,安能泽被天下,法施后世乎!是以小杖则受,大杖则走,盖所存者大故也。"世民命卜之,幕僚张公谨自外来见之,取龟投地,曰:"卜以决疑;今事在不疑,尚何卜乎!卜而不吉,庸得已乎!"于是定计。

## 【译文】

李世民向府中僚属询访,都说:"齐王凶狠暴戾,终究不肯侍奉他的兄长。近来听到护军薛实曾对齐王说:'大王的名字,会合一起就是"唐"字,大王最终要主持唐的宗庙社稷祭祀。'齐王高兴地说:'只要除掉秦王,取代东宫便易如反掌了。'他与太子阴谋作乱没有成功,已经有了夺取太子地位的心思。作乱的心思没有满足,什么干不出来?假若使他们二人得志,恐怕天下不再归唐所有。依凭大王的贤能,收拾他们二人像拾地上的草芥罢了,为什么屈从一个平常人的节操,忘掉国家的大计呢?"李世民还没有决断,众人说:"大王认为虞舜是什么样的人?"李世民说:"是圣人。"众人说:"假使虞舜疏浚水井被掩埋而不设法出来,就成为井中的泥土了,涂刷仓廪被放火焚烧而不想法下来,就成为仓廪上的灰烬了,怎么还能做到恩泽布达天下,法则普施后世呢!因此,虞舜侍奉其父,受到小棍棒笞打就忍受着,受到大棍棒笞打就跑脱,大概所图的是大事的缘故。"李世民命令占卜决定此事,他幕下僚属张公谨从外面进来,取出灵龟投掷在地上,说:"占卜用来解决疑惑;如今事情是在没有疑惑的情况下,还占卜干什么呢!如果占卜结果不吉利,还能够停止下来吗?"于是决定了计策。

## 【原文】

世民令无忌密召房玄龄等,曰:"敕旨不听复事王;今若私谒,必坐死,不敢奉教!"世民怒,谓敬德曰:"玄龄、如晦岂叛我邪!"取所佩刀授敬德曰:"公往观之,若无来心,可断其首以来。"敬德往,与无忌共谕之曰:"王已决计,公宜速入共谋之。吾属四人,不可群行道中。"乃令玄龄、如晦著道士服,与无忌俱入,敬德自它道亦至。

## 【译文】

李世民命令长孙无忌暗中去召房玄龄等人来,他们说:"敕书的旨意不听任我们再侍奉秦王;如今假若私下来谒见,一定犯下死罪,不敢听奉教命!"李世民发怒,对敬德说:"房玄龄、杜如晦难道背叛我吗?"取下所佩的宝刀授予敬德说:"您前往观察他们,假若没有前来的心思,可以砍掉他们的首级拿来。"尉迟敬德前往,与长孙无忌共同告知他们说:"大王已经决定大计,你们应当迅速进入秦王府共同图谋大事。我们四人,不能走在一起。"于是令房玄龄、杜如晦身着道士服装,与长孙无忌一起进入秦王府,敬德从其他道路上也来到秦王府。

**【原文】**

己未,太白复经天。傅奕密奏:"太白见秦分,秦王当有天下。"上以其状授世民。于是世民密奏建成、元吉淫乱后宫,且曰:"臣于兄弟无丝毫负,今欲杀臣,似为世充、建德报仇。臣今枉死,永违君亲,魂归地下,实耻见诸贼!"上省之,愕然,报曰:"明当鞫问,汝宜早参。"

**【译文】**

初三,太白星又经过天空正南方的午位。傅奕暗中上奏说:"太白星在秦的分野出现,是秦王应当拥有天下的征兆。"皇上把傅奕的密奏状交给李世民。于是李世民秘密奏告李建成、李元吉与后宫妃嫔淫乱,并且说:"我对兄长、弟弟没有丝毫背叛,如今要杀我,好像是替王世充、窦建德报仇。如今我冤枉而死,永远背离君亲,魂魄归于地下,实在以见到诸贼为耻辱!"皇上看到奏告猛醒,现出惊愕的样子,回答说:"明天当审问此事,你应当明日早起上朝来参见。"

**【原文】**

庚申,世民帅长孙无忌等入,伏兵于玄武门。张婕妤窃知世民表意,驰语建成。建成召元吉谋之,元吉曰:"宜勒宫府兵,托疾不朝,以观形势。"建成曰:"兵备已严,当与弟入参,自问消息。"乃俱入,趣玄武门。上时已召裴寂、萧瑀、陈叔达等,欲按其事。

**【译文】**

初四,李世民率领长孙无忌等人入朝,在玄武门埋下伏兵。张婕妤私下了解到李世民奏表的内容,急忙告诉李建成。李建成召来李元吉商量此事,李元吉说:"应该率领东宫、齐府军队,假托得了疾病不去朝参,来观察形势变化。"李建成说:"军队的布置防备已经很严密了,我与弟弟应当入朝参见,亲自探听消息。"于是,一同入朝,向玄武门赶来。皇上此时已经召来裴寂、萧瑀、陈叔达等,将要考察这件事了。

【原文】

建成、元吉至临湖殿,觉变,即跋马东归宫府。世民从而呼之,元吉张弓射世民,再三不彀①,世民射建成,杀之。尉迟敬德将七十骑继至,左右射元吉坠马。世民马逸入林下,为木枝所绁,坠不能起。元吉遽至,夺弓将扼之,敬德跃马叱之。元吉步欲趣武德殿,敬德追射,杀之。翊卫车骑将军冯翊冯立闻建成死,叹曰:"岂有生受其恩而死逃其难乎!"乃与副护军薛万彻、屈咥直府左车骑万年谢叔方帅东宫、齐府精兵二千驰趣玄武门。张公谨多力,独闭关以拒之,不得入。云麾将军敬君弘掌宿卫兵,屯玄武门,挺身出战,所亲止之曰:"事未可知,且徐观变,俟兵集,成列而战,未晚也。"君弘不从,与中郎将吕世衡大呼而进,皆死之。君弘,显隽之曾孙也。守门兵与万彻等力战良久,万彻鼓噪欲攻秦府,将士大惧;尉迟敬德持建成、元吉首示之,宫府兵遂溃,万彻与数十骑亡入终南山。冯立既杀敬君弘,谓其徒曰:"亦足以少报太子矣!"遂解兵,逃于野。

【注释】

①彀(gòu):拉满弓,张弓。不彀,控弦不开,拉不满弓。

【译文】

李建成、李元吉到临湖殿,察觉有变,立即调转马头向东返回东宫、齐王府。李世民跟在后面呼喊他们,李元吉搭箭张弓射向李世民,再三控弦不开,拉不满弓,李世民向李建成射箭,把李建成射死。尉迟敬德率领七十名骑兵相继赶到,随从左右将李元吉射坠马下。李世民的坐骑受到惊吓奔入树林之下,被木枝绊挂,坠倒在地不能起来。李元吉急忙赶到,夺过李世民手中的弓,准备把李世民扼死,尉迟敬德跃马前来,对他大声呵斥。李元吉想快步赶到武德殿,尉迟敬德追着射他,把他射死。翊卫车骑将军冯翊人冯立,听到李建成死的消息,感叹地说:"哪有他活着时蒙受其恩惠而一死便逃脱他的祸难的呢!"于是与副护军薛万彻、屈咥直府左车骑万年人谢叔方率领东宫、齐府精兵二千人,骑马驱驰赶赴玄武门。张公谨力气过人,独自关闭大门来抗拒他们,他们便不能够进入。云麾将军敬君弘掌管宿卫军队,屯扎在玄武门,挺身出来交战,所亲近的人阻止他说:"事情的发展如何还不可知,暂且慢慢地观察变化,等待兵力集结,结成阵列再交战,还不算晚。"敬君弘不听,与中郎将吕世衡大声呼喊着向前进攻,结果都战死。敬君弘,是敬显隽的曾孙。守玄武门的士兵与薛万彻等竭力奋战很久,薛万彻扬言着要进攻秦王府,将士们非常恐惧;尉迟敬德手持李建成、李元吉的首级给他们看,东宫、齐府士兵于是溃散。薛万彻与十几个骑兵逃亡到终南山中。冯立已杀死敬君弘,对他的徒众说:"这也足够微微报答太子了!"于是,解散武装,逃向郊野。

【原文】

上方泛舟海池,世民使尉迟敬德入宿卫,敬德擐甲持矛,直至上所。上大惊,问曰:"今日乱者谁邪?卿来此何为?"对曰:"秦王以太子、齐王作乱,举兵诛之,恐惊动陛下,遣臣宿卫。"上谓裴寂等曰:"不图今日乃见此事,当如之何?"萧瑀、陈叔达曰:"建成、元吉本不预义谋,又无功于天下,疾秦王功高望重,共为奸谋。今秦王已讨而诛之,秦王功盖宇宙,率土归心,陛下若处以元良,委之国务,无复事矣!"上曰:"善!此吾之夙心也。"时宿卫及秦府兵与二宫左右战犹未已,敬德请降手敕,令诸军并受秦王处分,上从之。天策府司马宇文士及自东上阁门出宣敕,众然后定。上又使黄门侍郎裴矩至东宫晓谕诸将卒,皆罢散。上乃召世民,抚之曰:"近日以来,几有投杼之惑。"世民跪而吮上乳,号恸久之。

**【译文】**

皇上正在海池划船,李世民派尉迟敬德进入宿卫,敬德身披铠甲,手持长矛,径直来到皇上所在的处所。皇上大为震惊,问道:"今天作乱的人是谁呀?你来到这里做什么?"敬德回答说:"秦王因太子、齐王作乱,起兵把他们诛杀了,恐怕惊动陛下,派遣我来值宿护卫。"皇上对裴寂等人说:"不料今天竟看到这样的事,应当怎么办?"萧瑀、陈叔达说:"建成、元吉本来就没有参与举义的谋划,又对天下没有建立功劳,嫉恨秦王功劳大、声望重,共同设谋奸计。如今秦王已经讨伐而诛杀了他们,秦王的功劳覆盖天下,全国领土上的民众人心归向他,陛下假若把太子的位置安排给他,把国家大事委托给他,不会再有事端发生了!"皇上说:"好!这是我早有的心愿。"这时,宿卫及秦府的军队和二宫党徒交战还没有停止,敬德请求下道手令,命令各军一并接受秦王的处置,皇上听从了。天策府司马宇文士及从东上阁门出来,宣布皇上的敕令,兵众们然后才安定下来。皇上又派黄门侍郎裴矩到东宫晓谕各将领兵卒,将卒们都歇手散去。皇上于是召来李世民,抚慰他说:"近日以来,我几乎有了像曾母误听人说曾参杀人而抛开织布梭逾墙逃走的迷惑。"李世民跪着伏在皇上胸前,像吸吮乳汁一样,号啕大哭很久。

【原文】

　　是日,下诏赦天下。凶逆之罪,止于建成、元吉,自馀党与,一无所问。其僧、尼、道士、女冠并宜依旧。国家庶事,皆取秦王处分……

【译文】

这天,下诏书赦免天下罪囚。逞凶叛逆的罪恶,只算在李建成、李元吉头上,其余党羽,一概不问罪。那些僧人、尼姑、男女道士应当一并依照旧章。国家各种行政事务,都听取秦王的处置……

【原文】

　　癸亥,立世民为皇太子。又诏:"自今军国庶事,无大小悉委太子处决,然后闻奏。"……(八月)癸亥,诏传位于太子。太子固辞,不许。甲子,太宗即皇帝位于东宫显德殿,赦天下。

【译文】

初七,立李世民为皇太子。又下诏书说:"从今以后,军队国家各种事务,无论大小,都委任太子来处理决断,然后听闻奏报。"……(八月)初八,下诏传位给太子李世民。太子坚决推辞,没有许可。初九,太宗在东宫显德殿即皇帝位,大赦天下。

# 唐太宗论功定赏

【原文】

己酉,上面定勋臣①长孙无忌等爵邑,命陈叔达于殿下唱名示之,且曰:"朕叙卿等勋赏或未当,宜各自言。"于是诸将争功,纷纭不已。淮安王神通曰:"臣举兵关西,首应义旗,今房玄龄、杜如晦等专弄刀笔,功居臣上,臣窃不服。"上曰:"义旗初起,叔父虽首唱举兵,盖亦自营脱祸。及窦建德吞噬山东,叔父全军覆没;刘黑闼再合余烬②,叔父望风奔北。玄龄等运筹帷幄,坐安社稷,论功行赏,固宜居叔父之先。叔父,国之至亲,朕诚无所爱,但不可以私恩滥与勋臣同赏耳!"诸将乃相谓曰:"陛下至公,虽淮安王尚无所私,吾侪何敢不安其分。"遂皆悦服。

【注释】

①勋臣:有功劳的臣子。
②再合余烬:再纠合余党。余烬,余党。

【译文】

武德九年(626)九月二十四日,皇上唐太宗李世民亲自确认长孙无忌等人的爵位、封邑,命令陈叔达在殿下唱名宣示给大家,并且说:"我叙定的你们的勋赏,可能有不恰当的,应该各自谈谈。"当时诸将争

179

相邀功,乱哄哄地闹个不停。淮安王李神通说:"微臣在关西举兵,首先响应高举起义的大旗,而今房玄龄、杜如晦等人专靠玩弄笔杆子,功劳在我之上,我心里不服。"皇上说:"开始起义,叔父虽然首先举兵响应,大概也是自己谋求免于祸害。到后来窦建德吞并山东时,叔父大败,被打得全军覆没;刘黑闼再纠合余党攻来,叔父被打得望风逃窜。房玄龄等人在军帐中出谋划策,坐在那里安定了国家,论功行赏排位,本来应该在叔父的前面。叔父是国家最为亲近的人,真没有什么可吝啬的,但不能凭着私情滥用权力,让你与功臣同赏罢了。"诸将这才互相说:"皇上最公道了,即使是淮安王,尚且没有什么私心,我们怎敢不安分呢。"于是都心悦诚服。

## 【原文】

房玄龄尝言:"秦府旧人未迁官①者,皆嗟怨曰:'吾属奉事左右,几何年矣,今除官,返出前宫、齐府人之后。'"上曰:"王者至公无私,故能服天下之心。朕与卿辈日所衣食,皆取诸民者也。故设官分职,以为民也,当择贤才而用之,岂以新旧为先后哉!必②也新而贤,旧而不肖,安可舍新而取旧乎!今不论其贤不肖而直言嗟怨,岂为政之体乎!"

## 【注释】

①迁官:晋升或调动官职。
②必:果真,假使。

## 【译文】

房玄龄曾说:"秦府旧人中没有升官的人都抱怨说:'我们伺候皇上多少年了,现在任命的官职,反而在前宫、齐府人之后。'"皇上说:"过往大公无私,所以能让天下人心服。我和你们每天所穿的所吃的,都是从人民那里获取的。因此,设立官员分掌财务,为的是人民啊!应当选择有才能的人任职,怎么能根据新人旧人来排定官次的先后呢!真要是新人有才能,旧人不像样子,怎么可以抛开新人而用旧人呢!现在不谈他们有才能没才能,而光说他们的不满,难道这是掌管国家大政的原则吗?"

# 贞观君臣论治

## 【原文】

贞观元年,春,正月,丁亥,上宴群臣,奏《秦王破陈乐》,上曰:"朕昔受委专征,民间遂有此曲。虽非文德之雍容,然功业由兹而成,不敢忘本。"封德彝曰:"陛下以神武平海内,岂文德之足比。"上曰:"戡乱①以武,守成以文,文武之用,各随其时。卿谓文不及武,斯言过矣!"德彝顿首谢。

## 【注释】

①戡(kān)乱:平定祸乱。

## 【译文】

贞观元年(627)春正月丁亥日,唐太宗李世民大宴群臣,演奏《秦王破阵乐》。唐太宗说:"我过去接受委任,掌管征伐大权,大破刘武周的军队,民间就创作了这个曲调,虽然不能表现文治教化的雍容大方,但是功勋伟业由此而成就,我不敢忘本。"封德彝说:"陛下用神圣的武力平定海内,哪里是文治教化所能比拟的。"唐太宗说:"平定乱世要用武功,守住帝业则要用文治,文治和武功的运用,各自服从当时形势的需要。您说文治不及武功,这句话错了!"封德彝叩头谢罪。

## 【原文】

上以兵部郎中戴胄忠清公直,擢为大理少卿。上以选人多诈冒资荫,敕令自首,不首者死。未几,有诈冒事觉者,上欲杀之。胄奏:"据法应流。"上怒曰:"卿欲守法而使朕失信乎?"对曰:"敕者出于一时之喜怒,法者国家所以布大信于天下也。陛下忿选人之多诈,故欲杀之,而既知其不可,复断之以法,此乃忍小忿而存大信也。"上曰:"卿能执法,朕复何忧!"胄前后犯颜执法,言如涌泉,上皆从之,天下无冤狱。

【译文】

唐太宗因为知道兵部郎中戴胄为人忠诚、清廉、公正、耿直,便提拔他担任全国最高审判机关大理寺的副长官。唐太宗听说应选入官的人很多是假冒上代余荫取得做官资格的,因此下诏书命令他们自首,不自首的要处死刑。没过多久,有人假冒上代余荫的事情被查出来了。唐太宗要杀掉他。戴胄说:"根据法律应该充军流放。"唐太宗发怒说:"您要守法而让我丧失信用吗?"戴胄说:"诏书出于一时的喜怒,而法律则是向天下人民昭示最大信用。陛下痛恨应选的人弄虚作假,所以要杀掉他,后来认识到这样做不好,根据法律来判决,这是忍耐了小的愤怒而坚持了大的信用。"唐太宗说:"您能够执行法律,我还有什么忧虑的呢!"戴胄前后好几次冒犯皇帝威严的脸色,执行法律,说起话来像泉水往外涌似的。唐太宗全部接受了他的意见,当时全国没有冤案。

【原文】

上令封德彝举贤,久无所举。上诘之,对曰:"非不尽心,但于今未有奇才耳!"上曰:"君子用人如器,各取所长,古之致治者,岂借才于异代乎? 正患己不能知,安可诬[①]一世之人!"德彝惭而退。

【注释】

①诬(wū):加罪于无辜,枉屈。

**【译文】**

唐太宗命令封德彝推举贤才,过了很久仍没有推举出来。唐太宗责问他,封德彝回答说:"不是不尽心去做,只是在当今的世界上还没有奇才罢了!"唐太宗接着说:"君子用人要像使用器具一样,各取他们的长处。古代那些使国家达到大治的人,难道是向别的朝代去借人才来使用的吗?真正担心的是自己不能发现人才,怎么能冤枉一世的人呢?"封德彝只好惭愧地退下。

**【原文】**

上曰:"朕每临朝,欲发一言,未尝不三思,恐为民害,是以不多言。"给事中知起居事杜正伦曰:"臣职在记言,陛下之失,臣必书之,岂徒有害于今,亦恐贻讥于后。"上悦,赐帛二百段。

**【译文】**

唐太宗说:"我每次来朝廷接见群臣,要想讲一句话,没有不再三考虑的,恐怕损害老百姓,所以不肯多讲话。"担任给事中知起居郎职务的杜正伦说:"我的职务在于记载言论,陛下的过失,我一定把它记录下来,不只是担心对今天有害处,也恐怕给后人留下讥笑的话柄。"唐太宗听了很高兴,赏赐给杜正伦二百段帛。

**【原文】**

濮州刺史庞相寿坐贪污解任。自陈尝在秦王幕府。上怜之,欲听还旧任。魏征谏曰:"秦王左右,中外甚多,恐人人皆恃恩私,足使为善者惧。"上欣然纳之,谓相寿曰:"我昔为秦王,乃一府之主;今居大位,乃四海之主,不得独私故人。大臣所执如是,朕何敢违!"赐帛遣之。相寿流涕而去。

### 【译文】

濮州刺史庞相寿因犯贪污罪而被撤职,他诉说自己曾在秦王幕府里任职。唐太宗很可怜他,想让他再回到濮州去当刺史。魏征劝说:"曾经在秦王府任过职的官员,现在在朝廷和地方的还很多,这样做,恐怕人人都要依靠皇帝对他的私人恩惠,而使干好事的人惧怕起来。"唐太宗很高兴地采纳了魏征的意见,告诉庞相寿说:"我过去当秦王,是一府之主;现在身居天子的大位,不能单独偏袒旧时的部下。大臣所坚持的意见是这样,我怎么可以违反呢!"说罢,就叫人拿出一些帛送给他,打发他走。庞相寿流着眼泪告辞。

### 【原文】

康国求内附。上曰:"前代帝王,好招来绝域,以求服远之名,无益于用而糜弊百姓①。今康国内附,傥有急难,于义不得不救。师行万里,岂不疲劳!劳百姓以取虚名,朕不为也。"遂不受。

### 【注释】

①糜弊百姓:浪费百姓的财物,损害百姓的利益。糜,通"靡",浪费。

### 【译文】

康居国派人来要求归附唐朝。唐太宗说:"前代帝王喜欢把边远地方的小国家招来,以便求得远方归附的好名声,对国家没有好处,反而白白地耗费百姓的财物,损害百姓的利益。如今康居国想来归附,今后假使他们那里发生了危急、患难的事情,从道义上讲,不能不去救它。军队要走上万里路,哪能不疲劳!使百姓劳苦以博取虚名,我不干这样的事。"于是,唐太宗没有接受康居国的请求。

## 【原文】

　　谓侍臣曰："治国如治病,病虽愈,犹宜将护,傥遽自放纵,病复作,则不可救矣。今中国幸安,四夷俱服,诚自古所希,然朕日慎一日,唯惧不终,故欲数闻卿辈谏争①也。"魏征曰："内外治安,臣不以为喜,唯喜陛下居安思危耳。"

## 【注释】

①谏争:也作"谏诤",直言规劝。

## 【译文】

　　唐太宗对侍候在身边的大臣说："治理国家就如同治病一样,病虽然治好了,还应该调理保养,假使很快就放纵起来,病又发作,那就不可救药了。如今中原地区幸而得到了安定,四方各国也都归服了,的确是从古以来所少有的。然而,我却一天比一天谨慎,唯恐不能贯彻到底,所以要经常听听你们的规劝和批评。"魏征说："国内治理得好,边疆安定,我不认为值得庆贺,我只希望陛下处在安定的环境时,也能时刻想到危险的日子。"

## 【原文】

　　中牟丞皇甫德参上言："修洛阳宫,劳人;收地租,厚敛;俗好高髻,盖宫中所化。"上怒,谓房玄龄等曰："德参欲国家不役一人,不收斗租,宫人皆无发,乃可其意邪!"欲治其谤讪之罪。魏征谏曰："贾谊当汉文帝时上书,云'可为痛哭者一,可为流涕者二。'自古上书不激切,不能动人主之心,所谓"狂夫之言,圣人择焉",唯陛下裁察!"上曰："朕罪斯人,则谁敢复言!"乃赐绢二十匹。他日,征奏言："陛下近日不好直言,虽勉强含容,非曩时①之豁如。"上乃更加优赐,拜监察御史。

## 【注释】

①曩(nǎng)时:从前。

## 【译文】

中牟县丞皇甫德参向皇帝上书说:"修建洛阳宫,使人民劳苦;征收地租,剥削很重;现在的风俗是流行梳高高的发髻,大概是受到宫中妃嫔的影响。"唐太宗听了很生气,对房玄龄等人说:"皇甫德参要国家不役使一个人,不征收一斗租,还要宫女们都没有头发,这样才能使他满意吧!"唐太宗想要治他诽谤和讥笑朝廷的罪。魏征规劝道:"贾谊在汉文帝时上书,说:'可以为之痛哭的有一件事,可以为之流泪的有两件事。'自古以来,向皇帝上书言辞不急切,不能打动皇帝的心,所谓:'狂夫的话,可供圣人采纳。'希望陛下裁决和洞察!"唐太宗说:"我要是判了这个人的罪,那谁还敢再讲话!"于是,赏给他二十匹绢。在以后的日子里,魏征对唐太宗说:"陛下近日不喜欢别人讲直话,虽然能勉强包涵容忍,但已经不像从前那样胸怀开阔了。"唐太宗更加优待皇甫德参,给他很多赏赐,任命他担任监察御史。

## 【原文】

上问侍臣:"创业与守成孰难?"房玄龄曰:"草昧之初,与群雄并起角力而后臣之,创业难矣!"魏征曰:"自古帝王,莫不得之于艰难,失之于安逸,守成难矣!"上曰:"玄龄与吾共取天下,出百死,得一生,故知创业之难,征与吾共安天下,常恐骄奢生于富贵,祸乱生于所忽,故知守成之难。然创业之难,既已往矣;守成之难,方当与诸公慎之。"玄龄等拜曰:"陛下及此言,四海之福也。"

## 【译文】

唐太宗问侍候在身边的大臣说:"创业和守成哪一种更艰难?"房玄龄说:"草创大业的开始,和群雄一起举兵,用武力争胜而后使他们臣服,创业难啊!"魏征说:"自古以来的帝王,没有哪个不是从艰难中取得政权,在安逸中失掉政权,守成难啊!"唐太宗说:"房玄龄和我一起夺取天下,成百人死去,才使一个人活下来,所以知道创业的艰难。魏征和我一起来安定天下,经常担心在富贵中产生骄傲奢侈,在容易忽视的枝节上产生祸乱,因此知道守成的艰难。不过,创业的艰难,已经过去了;守成的艰难,正应该和各位一起谨慎地来对待它。"房玄龄等人叩头说:"陛下想到这些话,那是全国的福气啊!"

## 【原文】

上御翠微殿,问侍臣曰:"自古帝王虽平定中夏,不能服戎、狄。朕才不逮古人而成功过之,自不谕其故,诸公各率意以实言之。"群臣皆称:"陛下功德如天地,万物不得而名言。"上曰:"不然。朕所以能及此者,止由五事耳。自古帝王多疾胜己者,朕见人之善,若己有之。人之行能,不能兼备,朕常弃其所短,取其所长。人主往往进贤则欲置诸怀,退不肖则欲推诸壑;朕见贤者则敬之,不肖者则怜之,贤不肖各得其所。人主多恶正直,阴诛显戮,无代无之;朕践阼①以来,正直之士,比肩于朝,未尝黜责一人。自古皆贵中华,贱夷狄,朕独爱之如一,故其种落皆依朕如父母。此五者,朕所以成今日之功也。"顾谓褚遂良曰:"公尝为史官,如朕言,得其实乎?"对曰:"陛下盛德不可胜载,独以此五者自与,盖谦谦之志耳。"

【注释】

①践阼:古代帝王新即位。

【译文】

唐太宗登上了翠微殿,问侍候在他身边的大臣:"自古以来的帝王虽然平定中原,但未能使西方和北方的部族臣服。我的才能不及古人,但我的成功却超过了他们,我不明白其中的缘故,你们各位畅所欲言,按照实际情况来说说吧。"群臣都说:"陛下功德如同天地一样大,天下所有的人都无法用语言来说明。"唐太宗说:"不是这样。我能达到这点的原因,只是因为有五个方面做得比较正确罢了。自古帝王多数妒忌才能胜过自己的人,而我看到别人的长处,好像就是自己同样具备一样。一个人的品性才能不能同时具备,我经常抛弃别人的短处,取用别人的长处。那些帝王往往对贤能的人喜欢得好像要把他抱到怀里,对品行才能差的人恨不得要把他推到深沟里去;我见到贤能的人就尊敬他,对于品行才能差的人就可怜他,贤能的人和德才差的人都能得到适当的安排。帝王一般都讨厌正直的人,将其暗中杀害和公开处死,几乎每一个朝代都有这样的事;我即位以来,正直的人朝廷上多得很,却从来没有处分过一个。自古以来,帝王都是看重中华,轻视夷狄,我唯独不敢存这种偏见,同样地爱护他们,所以他们的部族都来亲附,对待我像对待父母一样。这五个方面是我获得今天成功的原因。"唐太宗回过头来告诉褚遂良说:"您曾经当过史官,我刚才所说的话,符合事实吗?"褚遂良说:"陛下您的伟大功德记载不完,只拿这五条给自己做说明,这是您出于内心的谦虚罢了。"

# 兼听则明，偏信则暗

## 【原文】

上问魏征曰："人主何为而明，何为而暗？"对曰："兼听则明，偏听则暗。昔尧请问下民，故有苗之恶得以上闻；舜明四目，达四聪，故共、鲧、欢兜，不能蔽也。秦二世偏信赵高，以成望夷之祸；梁武帝偏朱异，以取台城之辱；隋炀帝偏信虞世基，以致彭城阁之变。是故人君兼听广纳，则贵臣不得拥蔽，而下情得以上通也。"上曰："善。"

## 【译文】

唐太宗问魏征："帝王是怎样做才能称为圣明，怎样做才算昏庸？"魏征回答说："广泛听取意见，就清醒明白；只信一面之词，就昏庸糊涂。从前尧帝向治下的民众了解情况，因此三苗一带的丑恶现象皇上才会知晓；舜帝明察四方，通达各地，因此不致被共工、鲧、欢兜等乱臣所蒙蔽。秦二世偏信赵高，造成望夷宫被杀的惨祸；梁武帝偏信朱异贿赂，在台城受到竟陵太守责骂的侮辱；隋炀帝偏信虞世基'盗贼无虑'的谎言，而招致彭城阁炀帝被杀的祸变。所以，人君应当多方听取意见，广泛采纳民意，就会不受宠臣的蒙蔽，下面的情况才能够向上通达呀！"唐太宗听后称赞道："讲得好。"

# 李世民谦诚待人

【原文】

　　壬申,上谓太子少师萧瑀曰:"朕少好弓矢,得良弓十数,自谓无以加,近以示弓工,乃曰'皆非良材'。朕问其故,工曰:'木心不直,则脉理皆邪,弓虽动而发矢不直。'朕始悟向者辨之未精也。朕以弓矢定四方,识之犹未能尽,况天下之务,其能遍知乎!"乃令京官五品以上,更宿中书内省,数延见①,问以民间疾苦、政事得失。

【注释】

①数延见:多次邀请接见。

【译文】

　　壬申日,唐太宗对太子的老师萧瑀说:"我从小就喜好弓箭,曾得到过十来张好弓,自认为没有比它们再好的了。最近我把这些弓拿给弓匠看,弓匠就说:'这些弓都不是用优良的材料制造的。'我问其原因,弓匠说:'这种木材的内心不直,脉理都是斜的,虽然弓体有劲,但箭射出去后会出现偏差。'我才醒悟我以前的辨认不准确。我用弓箭平定四方,对弓箭还未能完全了解,更何况国家的事务繁多,怎么能全都知道呢!"于是就下令让五品以上的在京官员,轮流到中书省内值宿当班,多次邀请接见,询问民间疾苦与政事得失。

【原文】

有上书请去佞臣者,上问:"佞臣为谁?"对曰:"臣居草泽,不能的知其人,愿陛下与群臣言,或阳怒①以试之,彼执理不屈者,直臣也,畏威顺旨者,佞臣也。"上曰:"君,源也,臣,流也;浊其源而求其流清,不可得矣。君自为诈,何以责臣之直乎!朕方以至诚治天下,见前世帝王好以权谲②小数接其臣下者,常窃耻之。卿策虽善,朕不取也。"

【注释】

①阳怒:假装发怒。阳,表面上,假装。
②权谲:机巧诡诈,权谋机变。

【译文】

有人向唐太宗请求铲去佞臣,唐太宗问:"佞臣是谁?"上书者回答说:"我远居山野,不能准确指出是谁,希望陛下在与群臣谈话时,假装发怒来验证,那些坚持真理不屈服的人就是忠直之臣;那些畏惧圣威顺旨服从的人就是佞臣。"唐太宗说道:"人君就像大河的源泉,群臣好比大河的流水;假若源泉混浊而又要求河流清澈,这怎么可能实现呢?人君自身使用诈术,又怎么去要求下臣做到忠直呢?我以至诚之心治理国家,对前世帝王那些喜欢以权术对待下臣的做法,私下常感到厌倦。您的计策虽然很好,但我不能采取。"

# 李世民畏魏征

【原文】

魏征状貌不逾中人,而有胆略,善回人主意,每犯颜苦谏;或逢上怒甚,征神色不移,上亦为霁威①。尝谒告②上冢,还言于上曰:"人言陛下欲幸南山,外皆严装已毕,而竟不行,何也?"上笑曰:"初实有此心,畏卿嗔,故中辍耳。"上尝得佳鹞,自臂之,望见征来,匿怀中;征奏事固久不已,鹞竟死怀中。

【注释】

①霁威:息怒,收敛威容。
②谒告:请假。

【译文】

魏征的相貌不会超过中等常人,可他很有胆量和谋略,善于改变君主的心意,常常不顾情面极力劝谏君主;有时皇上特别生气,但魏征神色一点不改变,皇上也就为他收敛威容。魏征曾经请假上坟,回来后对皇上说:"人们说陛下您打算去终南山,外边行装都已经准备完毕,而您竟没有出发,这是什么缘故呢?"皇上笑着说:"当初确实有这个意思,就是怕你嗔怪,所以中止了。"皇上曾经得到一只很好的鹞鹰,亲自把它架在自己的手臂上,老远看见魏征来了,赶紧把鹞鹰藏在怀里;魏征奏禀公事故意说个不停,结果鹞鹰竟憋死在皇上的怀里了。

# 魏征上疏"人主十思"

【原文】

夏,四月,己卯,魏征上疏,以为:"人主善始者多,克终者寡,岂取之易而守之难乎?盖以殷忧①则竭诚以尽下,安逸则骄恣而轻物;尽下则胡、越同心,轻物则六亲离德,虽震之以威怒,亦皆从貌而心不服故也。人主诚能见可欲则思知足,将兴缮②则思知止,处高危则思谦降,临满盈则思挹损③,遇逸乐则思撙节④,在宴安则思后患,防壅蔽则思延纳⑤,疾谗邪则思正己,行爵赏则思因喜而僭,施刑罚则思因怒而滥,兼是十思,而选贤任能,固可以无为而治,又何必劳神苦体以代百司之任哉?"

【注释】

①殷忧:严重的忧患。
②兴缮:发动修葺、整治,大兴土木。
③挹损:也作"抑损",减少。
④撙(zǔn)节:克制,控制。
⑤延纳:采纳,这里指招贤纳谏,与前"壅蔽"所表"闭塞,上下蔽隔"相对。

【译文】

贞观十一年(637)夏季四月三十日,魏征给唐太宗上疏,认为:"历史上的君王开始做得好的较多,能坚持到最后的就很少了,难道说取得政权容易而守成艰难？这是因为深切忧虑就会竭尽诚心对待下属,安逸舒适就会骄傲放纵而轻视万物;尽心待下就会全国同心,轻忽怠物就连亲近的人也会离心离德。尽管人主施加权威或盛怒,也只能使人表面服从而内心不服。作为人主,要真正做到:见到自己想得到而又可以得到的东西时,要想到知足;将要大兴土木时,要想到适可而止;身处位高势险的境地,要想到谦谨自降;临近满盈之时,要想到容易招损;游乐射猎时,要想到抑情节制;处在平安之时,要想到以后的祸患;防止上下蔽隔,要想到招贤纳谏;杜绝谗邪之言,要想到正心修身;封爵奖赏时,要想到不要因喜而过分;施加罪名处罚时,要想到不要因怒而滥刑。做到以上说的这十个方面,并且又能挑选贤人,任用贤人,人主就可以无为而治了,何必去劳神苦体,代行百官的职事呢？"

# 安禄山范阳起兵

## 【原文】

玄宗至道大圣大明孝皇帝天宝十三载,春,正月,己亥,安禄山入朝。是时杨国忠言禄山必反,且曰:"陛下试召之,必不来。"上使召之,禄山闻命即至。庚子,见上于华清宫,泣曰:"臣本胡人,陛下宠擢①至此,为国忠所疾,臣死无日矣!"上怜之,赏赐巨万,由是益亲信禄山,国忠之言不能入矣。太子亦知禄山必反,言于上,上不听……

## 【注释】

①宠擢:因宠信而提拔。

## 【译文】

唐玄宗天宝十三载(754),春,正月初三,安禄山入朝。当时杨国忠说安禄山必定要反叛,并且对皇上说:"陛下召他来试一试,他肯定不会来。"皇上派使者召见安禄山,安禄山接到命令马上就来了。初四,在华清宫晋见皇上,哭着说:"臣本是胡人,承蒙陛下恩宠提拔到现在的地位,因此被杨国忠所嫉恨,臣说不定哪一天就会被害死了!"皇上很同情他,赏赐很多,从此以后更加亲近信任安禄山,杨国忠的话也不再听得进去了。太子也知道安禄山必定反叛,向皇上反映,皇上不听……

【原文】

上欲加安禄山同平章事,已令张垍草制。杨国忠谏曰:"禄山虽有军功,目不知书,岂可为宰相!制书若下,恐四夷轻唐。"上乃止。乙巳,加禄山左仆射,赐一子三品、一子四品官……

【译文】

皇上想要加任安禄山同平章事,已命令张垍写好制书。杨国忠劝告说:"安禄山虽然立有军功,但他不认识字,怎么可以做宰相呢!制书如果颁下,恐怕周边四夷会轻视大唐。"皇上才作罢。初九,加任安禄山左仆射,赐封他的一个儿子三品官,一个儿子四品官……

【原文】

安禄山求兼领闲厩、群牧;庚申,以禄山为闲厩、陇右群牧等使。禄山又求兼总监;壬戌,兼知总监事。禄山奏以御史中丞吉温为武部侍郎,充闲厩副使,杨国忠由是恶温。禄山密遣亲信选健马堪战者数千匹,别饲之……

【译文】

安禄山请求兼任闲厩使、群牧使;二十四日,任命安禄山为闲厩、陇右群牧等使职。安禄山又请求兼任总监;二十六日,任命他兼管总监事务。安禄山奏请让御史中丞吉温任武部侍郎,充任闲厩副使,杨国忠因此痛恨吉温。安禄山秘密派遣亲信选择健壮而能够作战的好马几千匹,另外饲养……

【原文】

(二月)己丑,安禄山奏:"臣所部将士讨奚、契丹、九姓、同罗等,勋效甚多,乞不拘常格,超资加赏,仍好写告身付臣军授之。"于是除将军者五百馀人,中郎将者二千馀人。禄山欲反,故先以此收众心也。

**【译文】**

(二月)二十三日,安禄山上奏说:"臣所统帅的将士征讨奚、契丹、九姓、同罗等,功劳很多,请求不受常规限制,超越资历加以赏赐,才好写委任状交付臣军授予他们。"于是升任将军的有五百多人,任中郎将的有两千多人。安禄山想反叛,所以先用这种方法来收买众人的心。

**【原文】**

三月,丁酉朔,禄山辞归范阳。上解御衣以赐之,禄山受之惊喜。恐杨国忠奏留之,疾驱出关。乘船沿河而下,令船夫执绳板立于岸侧,十五里一更,昼夜兼行,日数百里,过郡县不下船。自是有言禄山反者,上皆缚送之,由是人皆知其将反,无敢言者……

**【译文】**

三月初一,安禄山辞别皇上回范阳。皇上脱下身上的衣服赏赐他,安禄山接受后又惊又喜。他担心杨国忠奏请皇上留住他,飞快地奔出潼关。乘船沿着黄河向下游航行,叫船夫站在岸边手拿绳板拉船。十五里轮换一班,日夜兼程,每天行走好几百里,经过郡县都不下船。从此以后凡是有人说安禄山要谋反,皇上都把他捆起来送审。因此人们都知道安禄山将要反叛,但没有人敢说……

**【原文】**

天宝十四载,二月,辛亥,安禄山使副将何千年入奏,请以蕃将三十二人代汉将,上命立进画,给告身。

韦见素谓杨国忠曰:"禄山久有异志,今又有此请,其反明矣。明日见素当极言;上未允,公其继之。"国忠许诺。壬子,国忠、见素入见,上迎谓曰:"卿等有疑禄山之意邪?"见素因极言禄山反已有迹,所请不可许,上不悦,国忠逡巡不敢言,上竟从禄山之请。它日,国忠、见素言于上曰:"臣有策可坐消禄山之谋。今若除禄山平章事,召诣阙,以贾循为范阳节度使,吕知诲为平卢节度使,杨光翙为河东节度使,则势自分矣。"上从之。已草制,上留不发,更遣中使辅璆琳以珍果赐禄山,潜察其变。璆琳受禄山厚赂,还,盛言禄山竭忠奉国,无有二心。上谓国忠等曰:"禄山,朕推心待之,必无异志。东北二虏,藉其镇遏。朕自保之,卿等勿忧也!"事遂寝……

### 【译文】

天宝十四载(755),二月二十二日,安禄山派副将何千年入朝上奏,请求用蕃将三十二人代替汉人将领,皇上命令中书省马上撰发御批敕命,给予委任状。韦见素对杨国忠说:"安禄山很久以来就存有异心,现在又有这样的请求,他谋反的意图明显了。明天我要极力进谏;皇上如果不听从,您要接着进谏。"杨国忠答应了。二十三日,杨国忠、韦见素入朝觐见,皇上迎着他们说:"卿等有怀疑安禄山的意思吗?"韦见素趁机极力说明安禄山谋反已有形迹,他的请求不能准许,皇上听了不高兴,杨国忠迟疑不敢说,皇上竟然准许了安禄山的请求。过了几天,杨国忠、韦见素对皇上说:"臣有计策可以坐着不动声色就能消除安禄山的阴谋。现在如果任命安禄山为平章事,召他回朝,让贾循为范阳节度使,吕知诲为平卢节度使,杨光翙为河东节度使,那么他的势力就自动分解了。"皇上听从了这个意见。已经写好制书,皇上留下没有发出,改而派遣宫中使者辅璆琳带珍奇的水果去赏赐安禄山,暗中观察他的变化。辅璆琳接受安禄山很多贿赂,回来后,竭力说安禄山尽忠报国,没有二心。皇上对杨国忠等人说:"安禄山,朕推心置腹地对待他,他一定不会有异心。东北两边的敌人,依靠他来镇守遏制。朕保证他不反,卿等不必忧虑了!"事情因此搁下来了……

**【原文】**

　　安禄山归至范阳,朝廷每遣使者至,皆称疾不出迎,盛陈武备,然后见之。裴士淹至范阳,二十馀日乃得见,无复人臣礼。杨国忠日夜求禄山反状,使京兆尹围其第,捕禄山客李超等,送御史台狱,潜杀之。禄山子庆宗尚宗女荣义郡主,供奉在京师,密报禄山,禄山愈惧。六月,上以其子成昏,手诏召禄山观礼,禄山辞疾不至。秋,七月,禄山表献马三千匹,每匹执控夫二人,遣蕃将二十二人部送。河南尹达奚珣疑有变,奏请"谕禄山以进车马宜俟至冬,官自给夫,无烦本军"。于是上稍寤,始有疑禄山之意。会辅璆琳受贿事亦泄,上托以它事扑杀之。上遣中使冯神威赍手诏谕禄山,如珣策;且曰:"朕新为卿作一汤,十月于华清宫待卿。"神威至范阳宣旨,禄山踞床微起,亦不拜,曰:"圣人安隐。"又曰:"马不献亦可,十月灼然诣京师。"即令左右引神威置馆舍,不复见;数日,遣还,亦无表。神威还,见上,泣曰:"臣几不得见大家!"……

**【译文】**

　　安禄山回到范阳,朝廷每次派遣使者到了,他都称病不出来迎接,而是大规模地陈列武器装备,然后再接见使者。裴士淹到了范阳,二十多天后才得以接见,不再有人臣的礼节。杨国忠日日夜夜地寻求安禄山造反的罪状,派京兆尹包围了他的宅第,逮捕了安禄山的门客李超等人,送进御史台监狱,暗地里杀了他们。安禄山的儿子安庆宗娶宗室女荣义郡主,在京师供职,将情况秘密报告安禄山,安禄山更加害怕。六月,皇上因安庆宗要成婚,亲手写诏书命安禄山回朝参加婚礼,安禄山称病推辞不来。秋,七月,安禄山上表请求献马三千匹,每匹马配马夫两人,派遣蕃将二十二人分部送来。河南尹达奚珣怀疑有变故,奏请皇上"晓谕安禄山进献车马应等到冬天,政府自己配给马夫,不必麻烦他的军队"。于是皇上稍稍有所醒悟,开始有怀疑安禄山的心思。碰上辅璆琳接受贿赂的事情也泄露出来,皇上便借其他的罪过把他打死。皇上派宫中使者冯神威带着他亲手写的诏书去告知安禄山,按照达奚珣的计策;并且还说:"朕新近为卿修了一个温泉池,十月份在华清宫等待卿。"冯神威到范阳宣读圣旨,安禄山蹲坐在床上微微地起了一下身,也不跪拜,说:"圣上还好吧。"又说:"马不进献也可以,十月份一定进京师。"随即便命令左右的人带走冯神威,并将他安置在驿馆里,再也不见他;过了好几天,遣他回朝,也没有谢恩的表文。冯神威回来后,见了皇上哭着说:"臣差一点就再也见不到皇上!"……

**【原文】**

安禄山专制三道,阴蓄异志,殆将十年,以上待之厚,欲俟上晏驾然后作乱。会杨国忠与禄山不相悦,屡言禄山且反,上不听;国忠数以事激之,欲其速反以取信于上。禄山由是决意遽反,独与孔目官、太仆丞严庄,掌书记、屯田员外郎高尚,将军阿史那承庆密谋,自馀将佐皆莫之知,但怪其自八月以来,屡飨士卒,秣马厉兵而已。会有奏事官自京师还,禄山诈为敕书,悉召诸将示之曰:"有密旨,令禄山将兵入朝讨杨国忠,诸君宜即从军。"众愕然相顾,莫敢异言。十一月,甲子,禄山发所部兵及同罗、奚、契丹、室韦凡十五万众,号二十万,反于范阳。命范阳节度副使贾循守范阳,平卢节度副使吕知诲守平卢,别将高秀岩守大同;诸将皆引兵夜发。

## 【译文】

安禄山一个人控制着范阳、平卢、河东三道,暗藏异心,将近十年。因皇上待他优厚,他想等皇上死后再造反。适逢杨国忠与安禄山关系不好,多次说安禄山将要反叛,皇上不听信;杨国忠屡次用事情来激化,想要他尽快反叛以便自己能获取皇上的信任。安禄山因此决定尽快反叛,他单独和孔目官、太仆丞严庄,掌书记、屯田员外郎高尚,将军阿史那承庆秘密谋划,其他的将领和佐官都不知道这件事,只是对自从八月份以来,经常宴飨士兵、秣马厉兵感到奇怪而已。适逢有向皇上奏报事情的官员从京师回来,安禄山就假造皇上的敕书,召集所有的将军,向他们出示,说:"皇上有密旨,命令我们带领部队入朝讨伐杨国忠,诸位将军应当马上从军出征。"众人惊愕地你看我我看你,没有一个人敢发表不同的意见。十一月初九,安禄山发动他所统率的部队以及同罗、奚、契丹、室韦等共十五万人,号称二十万,在范阳反叛。他命令范阳节度副使贾循留守范阳,平卢节度副使吕知诲留守平卢,别将高秀岩留守大同;诸位将军都带兵连夜出发。

# "崇文国学经典"书目

| | |
|---|---|
| 诗经 | 古诗十九首 汉乐府选 |
| 周易 | 世说新语 |
| 道德经 | 茶经 |
| 左传 | 资治通鉴 |
| 论语 | 容斋随笔 |
| 孟子 | 了凡四训 |
| 大学 中庸 | 徐霞客游记 |
| 庄子 | 菜根谭 |
| 孙子兵法 | 小窗幽记 |
| 吕氏春秋 | 古文观止 |
| 山海经 | 浮生六记 |
| 史记 | 三字经 百家姓 千字文 弟子规 |
| 楚辞 | 声律启蒙 笠翁对韵 |
| 黄帝内经 | 格言联璧 |
| 三国志 | 围炉夜话 |